도표로 읽는 유식 입문

도표로 읽는 유식 입문

글 안환기 그림 배종훈

마음이란 무엇인가

민족사

유식학은 붓다의 본지를 계승한 대승불교이다. 고대 인도 수행자들이 마음을 자세히 관찰한 내용이 유식학을 형성하게 된 근간이 되었다. 따라서 유식학에는 마음이 작용하는 모습과 작용의 원리를 세밀하게 표현한 개념들이 매우 많다. 하지만 방대한 개념들의 의미, 개념들의 관계를 이해하기가 쉽지 않다.

이 책은 마음의 여러 현상을 표현한 유식학의 주요 개념을 가능한 한 쉽게 설명해서 유식학을 처음 접해보는 분들이나 입문한 지 꽤 되었어도 본격적으로 공부하지 않은 분들에게도 지침이 되면 좋겠다는 마음으로 기획되었다.

이 책은 총 6장으로 구성되어 있다.

제1장에서는 유식학에서 마음을 어떻게 설명하고 있는지를 다루었다. 마음과 현상에 대해 유식학의 관점을 표현하고 있는 유식무경의 의미와 마음을 8가지로 나누어 표현하고 있는 전5식, 제6 의식, 제7 말나식, 제8 알라야식의 의미, 기능을 서술하였다.

제2장에서는 마음이 만든 세상에 대해 다루었다. 마음에 의해 현상이 만들어지는 과정과 마음에 의해 만들어진 세계를 비롯하여 인식의 원리 및 마음과 대상의 관계를 바라보는 다양한 관점을 기술하였다.

제3장에서는 마음과 마음의 작용에 관해 서술하였다. 유식학에서는 마음을 마음의 주체와 주체에 의지해서 생겨나는 작용으로 세분한다. 마음의 작용을 나타내는 다양한 심소법에 대해 서술하여 우리 마음을 살펴볼 수 있

게 하였다.

제4장에서는 수행의 과정에 대해 소개하였다. 수행의 5가지 단계인 자량위, 가행위, 통달위, 수습위, 구경위에 대해 서술하였다.

제5장에서는 수행에 의해 마음이 변화하는 현상을 다루었다. 마음이 질적으로 변화하는 것을 표현하는 전의를 비롯하여 전식득지, 성소작지, 묘관찰지, 평등성지, 대원경지 등과 같이 궁극의 경지에서 생겨나는 마음의 변화를 다루었다.

제6장에서는 유가행파의 주요 사상가들을 소개하였다. 유식학의 시조인 미륵보살, 체계화한 무착, 꽃피운 세친을 비롯해서 안혜, 호법, 현장, 규기, 원측 등의 사상과 저서를 서술하였다.

유식학은 마음이 매우 깊고 작용의 모습 또한 다양하다는 것을 개념을 통해 보여주고 있다. 마음의 고통으로 힘들어하는 현대인에게 마음을 정확하게 봄으로써 편안하고 행복한 상태로 변화할 수 있음을 알려준다. 이 책을 통해 자신의 마음을 이해하는 데 한층 가까이 갈 수 있기를 기대한다.

이 책을 출판해 주신 민족사 윤창화 사장님, 집필을 제안하고 편집을 맡아주신 사기순 주간님, 최윤영 팀장님, 그리고 글의 내용을 쉽고 재미있게 이해할 수 있도록 그림을 그려주신 배종훈 선생님께 깊이 감사드린다.

2022년 8월
안환기

제 1장

마음이란 무엇인가?

유식학의 기원, 붓다

유식학은 석가모니 붓다가 적멸한 후 긴 시간이 흐른 뒤에 생겨난 인도의 대승불교이다. 불교는 기원전 6세기경 히말라야 산 중턱에 있었던 까삘라왓뚜(Kapilavatthu, 가비라국)의 석가족 왕자로 태어난 석가모니의 깨달음으로 시작되었다. 석가모니는 유복한 어린 시절을 보내던 중 성문 밖에서 노인, 병자, 죽은 자, 승려를 만나면서 무상고(無常苦)를 자각하고 수행의 길을 선택하게 된다. 이후 35세 되던 해에 어떠한 번뇌에도 흔들리지 않는 열반의 세계를 체현(體現)한 붓다가 되었다.

붓다는 자신이 깨달은 내용 즉 쾌락과 고행의 양극단을 배제한 중도(中道), 모든 것은 연기법(緣起法)에 따라 생겨나고 소멸할 뿐 실체로서 존재하지 않는다는 무아(無我) 등에 대해 45년간 설법을 해 나갔다. 이후 쉬지 말고 수행에 임할 것을 유언으로 남기고 꾸시나가라에서 적멸하였다.

붓다가 적멸한 후, 붓다의 가르침에 대해 제자들 사이에 견해의 차이가 생겨나고 불교교단의 생활양식에도 변화가 일어나게 되었다. 불멸후 100년경(BC 4C경), 계율문제가 쟁점이 되면서 불교교단은 결국 보수적인 상좌부와 진보적인 대중부로 나누어진다. 이후 상좌부와 대중부 내부도 각각 분열되어, BC 1세기까지 약 300~400년에 걸쳐 불교 교단은 18~20여 개로 갈라지게 된다. 이 시기를 부파불교 시대라고 부른다. 이후 서력기원 전후에 대승불교(大乘佛敎)가 생겨나 중관학과 유식학과 같은 큰 흐름이 형성된다.

- 불교는 기원전 6세기경 석가모니의 깨달음으로 시작되었다.

◉ 석가모니는 노인, 병자, 죽은 자, 승려를 만나면서 무상고(無常苦)를 자각하고 수행의 길을 선택하게 된다.
◉ 이후 35세 되던 해에 열반의 세계를 체현(體現)한 붓다가 되었으며, 자신이 깨달은 내용에 대해 45년간 설법을 해 나갔다.
◉ 쉬지 말고 수행에 임할 것을 유언으로 남기고 꾸시나가라에서 적멸하였다.

- 불멸 후 100년경(BC 4C경), 계율 문제가 쟁점이 되면서 불교 교단은 결국 보수적인 상좌부와 진보적인 대중부로 나누어진다.

◉ 이후 상좌부와 대중부 내부도 각각 분열되어, BC 1세기까지 약 300~400년에 걸쳐 불교 교단은 18~20여 개로 갈라지게 된다.

- 서력기원 전후에 대승불교(大乘佛敎)가 생겨나 중관학과 유식학과 같은 큰 흐름이 형성된다.

붓다의 본지를 계승

붓다가 적멸한 후 제자들은 붓다가 남긴 교법을 결집하여 경장과 율장을 편찬하였으며, 그 교법을 깊이 연구하고 해석하여 방대한 논서를 작성하였다. 이러한 이유로 부파불교를 아비달마불교(阿毘達磨佛敎)라고도 한다.

부파불교 가운데 가장 잘 알려진 설일체유부는 법(法)이라는 용어로 붓다의 가르침을 정리하고 분류했다. 설일체유부는 불교의 가르침을 조직적으로 정리하여 대승불교가 전개되는 데 큰 영향을 끼친 학파로 평가되고 있다. 하지만 '법은 영원히 존재한다.'고 주장한 것은 붓다의 무아설과 상반된다는 비판을 받았다.

설일체유부의 실체론적 입장을 비판한 대표적인 사람이 대승불교 중관학의 초조(初祖)인 용수(龍樹, Nāgārjuna, 150~250)이다. 그는 붓다의 본지인 '무아'를 재해석하여 '공'이라는 개념으로 표현했다. 그리고 이를 기반으로 설일체유부의 사상을 비롯한 그 시대에 유행했던 실체론자와 대적했다. 하지만 용수의 사상도 이후의 사람들에게 그대로 전해진 것은 아니다. 어떤 사람들은 '공'에 너무 집착하여 '공'이란 아무것도 존재하지 않는 것을 의미하는 것으로 해석했다. 붓다의 본지를 제시했던 용수의 의도를 오해하여 허무주의에 빠지는 자들이 나타났던 것이다.

당시 요가수행자들은 수행을 통해 아무것도 없는 것이 아니라 마음은 여전히 작용하고 있다고 통찰하고 그 마음을 '식'이라고 불렀다. 요가행자들은 '식'의 관점에서 바르게 이해된 '공'을 제시하여 붓다의 본지를 계승하고자 했다. 유식학은 이와 같은 역사적 배경에서 생겨났다.

부파불교시대

⊙ 석가모니 붓다가 적멸한 후, 붓다의 가르침에 대한 다양한 해석이 생겨났다.

⊙ 부파불교 가운데 가장 잘 알려진 설일체유부

＊ 법(法)이라는 용어로 붓다의 가르침을 조직적으로 정리

＊'법은 영원히 존재한다.'라고 주장→ 붓다의 무아설과 상반된다는 비판을 받았다.

중관학의 초조(初祖)인 용수(龍樹, Nagarjuna, 150~250)

⊙ 붓다의 본지인 '무아'를 재해석하여 이를 '공'이라는 개념으로 표현

⊙ 설일체유부의 사상을 비롯한 그 시대에 유행했던 실체론자와 대적

⊙ 이후 '공'이란 아무것도 존재하지 않는 것[허무주의]으로 이해하는 자가 나타남.

요가행자, 붓다의 본지를 계승

⊙ 요가수행자들은 수행을 통해 아무것도 없는 것이 아니라 마음은 여전히 작용하고 있다고 통찰 → 그 마음을 '식'이라고 불렀다.

⊙ '식'의 관점에서 바르게 이해된 '공'을 제시 → 붓다의 본지를 계승

마음은 언제나
작용하고 있고
그 마음이 '식'

유식, 오직 마음뿐

요가 수행자들은 붓다의 뜻을 이어받아 수행을 통해 깨달음을 얻고자 했다. 이 수행자들은 유가행파(瑜伽行派, Yogācāra)라고 불리었다. '유가(瑜伽)'는 산스끄리뜨 요가(Yoga)를 음사한 것이다. '유가행파'는 '요가를 실천하는 무리'라는 뜻이다. 이들은 수행을 통해 마음을 관찰한 내용을 기반으로 그들의 사상을 펼쳤다. 이를 잘 보여주는 말이 '유식'이다. '유식'은 '오직 마음뿐'이라는 말이다. 즉 '마음 이외에는 어느 것도 존재하지 않으며 마음에 의해 모든 것이 만들어진다.'라는 것을 의미한다. 왜 유가행파는 '마음뿐'임을 주장했을까?

그것을 알기 위해, 우리는 요가 수행자들이 무엇을 대상으로 수행했는지를 주목할 필요가 있다. 잘 알려졌듯이 수행자들은 자신의 마음에 집중하여 삶을 불편하게 하는 요소, 즉 마음을 괴롭게 하는 요인인 번뇌를 없애서 해탈하는 데 목적을 두었다. 즉 요가 수행자의 체험 내용은 모두 마음에 기반을 둔 것이었다. 마음에 집중하여 마음에 생겨나는 현상들을 관찰한 내용이 유식학 경전과 논서에 기록된 것이라 할 수 있다. 따라서 유식학의 내용은 다른 학파와 달리 마음에 초점을 두고 마음의 현상을 다양한 측면에서 묘사하고 있다는 것을 염두에 둘 필요가 있다. '유식'이라는 말은 이러한 배경에서 나왔다고 할 수 있다.

- 유가행파: 요가를 실천하는 무리

- 수행을 통해 마음을 관찰한 내용을 기반으로 그들의 사상을 펼침.

- 유식, 즉 마음 이외에는 어느 것도 존재하지 않으며 마음에 의해 모든 것이 만들어진다고 주장

- 왜 유가행파는 '마음뿐'임을 주장했을까?
  ◉ 요가 수행자들이 무엇을 대상으로 수행했는지 주목할 필요가 있음.
  ◉ 수행자들은 자신의 마음에 집중하며 해탈하는 것이 목적
  ◉ 요가 수행자의 체험 내용은 모두 마음에 기반을 둔 것

나의 마음에 집중하는 수행을 하고 해탈하는 것이 목적

마음을 벗어난 대상은 따로 존재하지 않는다

'유식'은 구체적으로 '유식무경(唯識無境)'으로 표현된다. 글자 그대로 해석하면 '마음만이 있고 대상은 존재하지 않는다.'는 말이다. 그런데 대상이 존재하지 않는다는 의미는 무엇일까? 상식적으로 생각해 볼 때 나의 주변에는 내 가족이 있으며, 나의 친구가 있고, 내가 사용하는 물건이 있다. 이러한 것 모두는 엄연히 존재하는데 오로지 마음만이 있고 이러한 것은 존재하지 않는다고 주장한다. 그 의미는 무엇일까? 유가행파가 '유식무경'이라는 말을 통해 주장한 의미는 '마음(識)을 벗어난 대상(境)이 따로 존재하지 않는다.'는 것이다. 나의 눈앞에 보이는 대상은 나의 마음과 분리된 것이 아니라 마음과 함께 생겨난다는 것을 강조한 것이다.

예를 들면, 지금 앞에 놓여 있는 컵을 보고 있는 나를 생각해 보자. 나는 컵이라는 대상을 나의 눈을 통해 본다. 그런데 자세히 살펴보면, 나는 눈이라는 감각기관에 맺힌 상을 통해 컵을 볼 뿐이다. 시선을 달리해서 컵을 바라보자. 이번에는 컵이 조금 전에 보았던 것과 다른 모습으로 나에게 비친다. 컵이라는 존재는 이처럼 나의 시선에 따라 달리 나타난다.

즉 대상은 나의 마음에 따라 다른 모습으로 나의 감각기관에 맺힌다. 만약 눈을 감는다면 모두 경험했듯이 아무것도 보이지 않는다. 눈을 뜨면 나타나는 컵은 다만 나의 눈에 맺힌 대상일 뿐이다. '유식무경'은 이러한 의미에서 컵이라는 대상이 '마음을 떠나서 따로 존재하지 않는다.'고 표현한다. 유가행파는 마음의 흐름을 관찰하고 철저하게 이 체험에 근거해서 마음속에 나타난 이미지를 중심으로 그들의 생각을 펼쳤다.

- 유식무경
  ⊙ 유식(唯識)을 구체적으로 표현
  ⊙ 마음만이 있고 대상은 존재하지 않는다.
  ⊙ 나의 눈앞에 보이는 대상은 나의 마음과 분리된 것이 아니라
  마음과 함께 생겨난다는 것을 강조

  예시) 컵을 바라보는 나
    ⊙ 컵은 눈에 맺힌 상
    ⊙ 마음에 따라 컵은 다른 모습으로 눈에 비침.
    ⊙ 컵은 마음을 떠나서 따로 존재하지 않음.

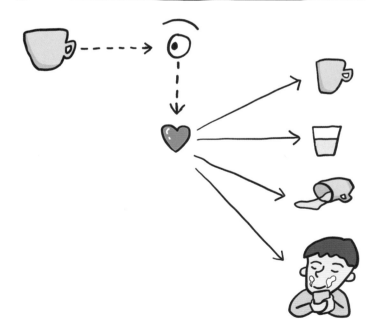

유가행파의 마음에 대한 해석

유가행파(瑜伽行派)는 중관학파와 함께 인도 대승불교의 대표적인 두 학파이다. 이 학파는 요가의 실천을 통해 일체의 현상이 마음에서 비롯된다고 보는 유식학을 확립하였다. 따라서 유식학파(唯識學派) 또는 유가행유식학파(瑜伽行唯識學派)라고 일컬어지기도 한다.

유가행파는 감각기관에 받아들여진 색이나 형체, 소리, 냄새, 맛, 감촉 등이 감각기관과 분리되어 독립적으로 존재한다고 보지 않는다. 감각된 '상' 바깥에 대상 자체가 존재해서 감각기관에 그대로 비치는 것이 아니라는 입장에 있다. 예를 들자면, 빨간 색이란 빨간 색을 느끼는 감각기관을 떠나 있는 것이 아니라, 감각기관에 맺힌 상을 감각하는 것일 뿐이라는 것이 유가행파의 입장이다.

유가행파는 깊은 수행을 통해 마음을 분석하고 그것을 여덟 가지로 나누어서 설명했다. 초기불교 경전에도 이미 언급되고 있는 '전5식(前五識)' 및 '의식'을 비롯해서 이보다 더 마음속 깊이 존재하는 '말나식', '알라야식' 이 그것이다.

이 가운데 '전5식'과 '의식'은 안(眼)·이(耳)·비(鼻)·설(舌)·신(身)·의(意)의 여섯 기관 즉 6근(六根)이 각각의 감각대상인 색(色)·성(聲)·향(香)·미(味)·촉(觸)·법(法)이라는 6경(六境)을 만날 때, 각각 감각하는 장소를 통해 생기는 인식작용이다. 즉, 안식(眼識)·이식(耳識)·비식(鼻識)·설식(舌識)·신식(身識)·의식(意識)이 일어나게 된다. 이를 6식(六識)이라 한다. 이 가운데 '의식' 앞의 다섯 가지가 '전5식'이다.

― 유가행파는 요가의 실천을 통해 일체의 현상이 마음에서 비롯된다고 보는 유식학을 확립하였다.

― 따라서 유식학파(唯識學派) 또는 유가행유식학파(瑜伽行唯識學派)라고 일컬어지기도 한다.

― 유가행파는 감각기관에 받아들여진 색이나 형체, 소리, 냄새, 맛, 감촉 등이 감각기관과 분리되어 독립적으로 존재하지 않는다고 본다.
ⓞ 감각된 '상' 바깥에 대상 자체가 존재해서 감각기관에 그대로 비치는 것이 아니라는 입장

― 유가행파는 깊은 수행을 통해 마음을 분석하고 그것을 여덟 가지로 나누어서 설명
ⓞ 전5식(前五識): 안식(眼識)·이식(耳識)·비식(鼻識)·설식(舌識)·신식(身識), 의식(意識), '말나식', '알라야식'

전5식, 거울처럼 비추는 마음

전5식을 구체적으로 살펴보면 다음과 같다.

안식은 눈[眼]이 대상인 색[물체]을 볼 때 생긴다. 그런데 안식은 꽃이 눈앞에 있으면 꽃을 볼 뿐 이것이 국화꽃이 아니라 장미꽃이라고 알아보는 것은 제6식인 '의식'의 작용이다.

이식은 귀에 소리가 들릴 때 생기는 식이다. 이식은 단지 소리만 들을 뿐 이 소리가 피아노 소리라고 분별하는 것은 제6식인 '의식'의 작용이다.

비식은 코로 냄새를 맡을 때 생기는 식이다. 비식은 냄새를 맡을 뿐 이 냄새가 풋풋하고 향기로운 장미꽃 냄새라고 알아보는 것은 제6식의 작용이 된다.

설식은 혀로 맛을 볼 때 생기는 식이다. 설식은 다만 맛을 느낄 뿐, 이 맛이 사과 맛이라고 분별하는 것은 설식이 아니라 제6식의 작용이 된다.

신식은 몸에 무언가 닿았을 때 생기는 식으로서, 단지 닿았음을 느낄 뿐 그것이 따뜻하고 부드러운 옷이라고 분별하는 것은 제6식의 작용이다.

'전5식'은 거울처럼 단순히 사물을 비출 뿐 분별하거나 그것이 무엇인지 판단하지 못한다. 단순한 감각에 불과하지 스스로 무엇이라고 인식할 능력이 없다. '전5식'을 통해 들어온 정보를 분별하는 것은 제6식인 '의식'의 작용이다.

'전5식'을 통해 들어온 정보를 분별하는 것은 제6식인 '의식'의 작용이다.

⊙ 안식: 눈이 대상인 물체를 볼 때 생긴다. 안식은 꽃이 눈앞에 있으면 꽃을 볼 뿐 이것이 국화꽃이 아니라 장미꽃이라고 알아보는 것은 제6식인 '의식'이 작용

⊙ 이식: 귀에 소리가 들릴 때 생기는 식이다. 이식은 단지 소리만 들을 뿐 이 소리가 피아노 소리라고 분별하는 것은 제6식인 '의식'이 작용

⊙ 비식: 코로 냄새를 맡을 때 생기는 식이다. 비식은 냄새를 맡을 뿐, 이 냄새가 풋풋하고 향기로운 장미꽃 냄새라고 알아보는 것은 제6식의 작용

⊙ 설식: 혀로 맛을 볼 때 생기는 식이다. 설식은 다만 맛을 볼 뿐, 이 맛이 사과 맛이라고 분별하는 것은 설식이 아니라 제6식의 작용이 된다.

⊙ 신식: 몸에 무언가 닿았을 때 생기는 식으로서, 단지 닿았음을 느낄 뿐, 그것이 따뜻하고 부드러운 옷이라고 분별하는 것은 제6식의 작용

제6의식, 생각하는 마음

제6식인 '의식(意識)'은 사유하고 판단하는 작용을 한다. 우리는 일상생활 속에서 많은 생각을 한다. 예를 들면, 아침에 일어나서 오늘은 무슨 옷을 입고 나갈지를 생각하며, 친구와 약속한 장소에 가서 무슨 차를 마시고 무슨 이야기를 나눌 것인가에 대해 생각하면서 문밖을 나간다. 또한 책을 읽거나 강의를 들을 때 집중해서 그 내용을 이해하는 작용, 즐거웠던 경험을 떠올리거나 하고 싶은 일을 상상하는 이러한 모든 작용이 바로 '의식'의 작용이다.

불교는 '의식'의 대상을 '법경(法境)'으로 표현한다. 좁은 의미에서, 5가지 감각기관[五境]의 대상이 되는 색·성·향·미·촉을 제외한 나머지가 의식의 대상이 된다고 한다. 넓은 의미에서, '법경'은 일체 법을 말한다. 즉 5가지 감각기관을 매개로 생겨난 '전5식'이 '의식'의 대상이 되며, 이외에도 관념적 대상이 '의식'의 대상이 된다.

예컨대 제6의식은 눈을 매개로 보게 된 사과를 대상으로 하여 이것이 붉은색이라고 판단하며, 예전에 먹어 보았던 기억을 기반으로 맛을 비교하기도 한다. 또한 영화를 감상하고 난 후 그 내용에 대해 요약하여 알려주는 작용을 하기도 한다. 이 이외에도 자신이 살고 있는 사회공동체 속에서 지켜야 할 도리 즉 예의범절에 대해 생각하고 그것을 실천하고자 하는 의지를 내게 하는 작용을 하기도 한다.

이처럼 제6의식의 대상은 5가지 식을 대상으로 판단하고 분별하기도 하지만 생각의 대상은 광범위하다.

- 의식(意識): 사유하고 판단하는 작용

- '전5식'과 '법경(法境)'을 대상으로 분석하고 판단하는 작용을 한다.

> 예시) 제6의식의 작용
> - ⊙ 안근을 매개로 본 사과를 대상으로 하여 붉은색으로 판단
> - ⊙ 예전에 먹어 보았던 기억을 기반으로 맛을 비교
> - ⊙ 영화를 감상하고 난 후 그 내용에 대해 요약
> - ⊙ 예의범절을 생각하고 실천하고자 하는 의지를 일으키는 작용

- 제6의식의 대상은 광범위

음, 역시 경북지역 사과가 더 달구나.

의근, 생각의 뿌리

불교에서는 제6의식의 작용이 '의근(意根)'을 바탕으로 생겨난다고 본다. '의근'은 생각이 발생하는 토대 곧 생각의 뿌리를 말한다. '전5식'이 감각기관을 매개로 하여 생겨나듯이, 제6의식은 '의근'을 매개로 생겨난다고 한다. 그리고 '전5식'과 '법경(法境)'을 대상으로 분석하고 판단하는 작용을 한다고 본다.

그런데 이 '의근'에 대한 해석은 부파불교와 대승불교인 유식학에서 차이를 보인다. 부파불교와 유식학은 인간의 마음이 찰나에 생겨났다가 사라지면서 계속 이어진다고 본다는 점에서 같지만, '의식'의 뿌리에 대해서는 다르게 해석했다. 근본적인 이유는 마음의 구조에 대한 관점이 다른 데 있다고 할 수 있다. 부파불교에서는 마음을 여섯 가지 식으로 분류하고 있지만, 유식학에서는 여섯 가지 식을 비롯하여 이보다 깊은 곳에 '말나식'과 '알라야식'이 있다고 보고 있다.

이러한 관점에서 부파불교는 앞생각이 없어지면서 이어서 뒷생각을 발생시키므로 뒷생각의 뿌리가 앞생각이 된다고 해석했다. 즉 앞생각을 '의근'으로 해서 뒷생각이 일어난다고 본다. 반면, 유식학에서는 전5식을 비롯해서 제6식을 표층의식으로 분류하고 심층의식으로서 제7식인 '말나식'과 제8식인 '알라야식'을 제시하고 있다. 그리고 제6식의 뿌리[의근]로서 자기를 중심으로 생각하는 제7식인 '말나식'을 새롭게 설정한다. '말나식'은 '의식'보다 한 단계 깊은 마음의 세계이다. 그리고 이 '말나식'의 토대로 '알라야식'까지 제시하고 있다.

—제6의식은 '의근(意根)'을 바탕으로 생겨난다.

— 의근은 생각이 발생하는 토대 곧 생각의 뿌리

— 의근에 대해 부파불교와 유식학에서 차이를 보인다.

   ⊙ 부파불교와 유식학은 모두 인간의 마음이 찰나 생겨났다가 사라지면서 계속
이어진다고 본다.

   ⊙ 하지만 의식의 뿌리에 대해서는 다르게 해석

   ⊙ 근본적인 이유는 마음의 구조에 대한 관점이 다르기 때문이다.

   ⊙ 부파불교에서는 마음을 여섯 가지로 분류하지만, 유식학에서는 여섯 가지
식[마음]을 비롯하여 이보다 더 깊은 곳에 '말나식'과 '알라야식'이 있다고
보기 때문이다.

— 의근에 대한 부파불교와 유식학의 해석

   ⊙ 부파불교에서는, 앞생각을 '의근'으로 해서 뒷생각이 일어난다고 본다.

   ⊙ 유식학에서는, '의근'을 제7식인 '말나식'으로 본다.

   ⊙ '말나식'은 '의식'보다 한 단계 깊은 마음

의식

말나식

제6의식의 다양한 작용: 전5식과 함께하는 제6의식

'의식'의 작용은 매우 광범위하다. 우리가 일상생활 속에서 생각하고 판단하는 작용은 거의 '의식'의 작용이라고 해도 과언이 아니다. 유식학은 '의식'의 다양한 작용을 자세하게 구분하고 있다. 우선 크게 '전5식과 함께 하는 의식'과 '전5식 없이 작용하는 의식'으로 나눈다. 이를 차례로 '5구의식(五俱意識)'과 '불구의식(不俱意識)'이라 부른다.

'전5식과 함께하는 의식'은 다시 '전5식'이 향하는 대상에 함께 집중하는 '의식'을 의미하는 '5구동연의식(五俱同緣意識)'과 '전5식'이 향하는 대상에 함께 집중하지 않는 '의식'인 '5구부동연의식(五俱不同緣意識)'으로 구분된다.

일상생활 속에서 '전5식'이 향하고 있는 대상에 '의식'이 함께 집중하는 '5구동연의식'의 예를 들자면, 신문기사를 읽을 때 눈을 통해 '안식'이 글자를 보고 있고, '의식'도 또한 그것에 집중하여 기사의 내용을 이해하는 것이다.

한편 '5구부동연의식'은 '전5식과 같은 대상에 집중하지 않는 의식'을 말한다. 즉 감각이 활동하고 있는 것은 '5구동연의식'과 같지만, '의식'이 다른 것을 생각하고 있는 상태를 말한다. 한 예로 야구를 관람할 때, 우리는 타자가 타석에 서 있는 모습을 보면서 타자가 홈런을 칠까 아니면 스트라이크 아웃을 당하는지 생각한다. '안식'은 타자를 보지만 '의식'은 타자의 모습에 집중하기보다 어떤 성과를 내는지를 생각하는 이 경우가 '5구부동연의식'에 해당한다고 할 수 있다.

- 제6식인 '의식'의 작용은 광범위하다.
  ◉ 우리가 일상생활 속에서 생각하고 판단하는 작용은 거의 '의식'의 작용

- 유식학은 '의식'의 다양한 작용을 자세하게 구분
  ◉ 전5식과 함께하는 의식: 5구의식(五俱意識)
  ◉ 전5식 없이 작용하는 의식: 불구의식(不俱意識)

- 전5식과 함께하는 의식[5구의식]은 다음과 같이 두 가지로 구분된다.
  ◉ 5구동연의식(五俱同緣意識): 같은 대상에 전5식과 함께 집중하는 의식
    ＊ 예시) 신문기사를 볼 때 눈을 통해 안식이 글자를 보고, 의식도 그것에 집중

  ◉ 5구부동연의식(五俱不同緣意識): 같은 대상에 전5식과 함께 집중하지 않는 의식
    ＊ 예시) 안식은 야구 선수인 타자를 보지만 의식은 타자의 모습에 집중하기보다 어떤 성과를 낼지를 생각

'의식'은 우리 삶의 거의 모든 생각과 판단에 작용하고 있지

제6의식의 다양한 작용: '전5식' 없이 홀로 발생하는 '의식'

'의식'은 많은 순간 '전5식'의 범위를 벗어나 작용하기도 한다. 우리는 눈으로 보거나 귀로 듣지 않으면서도 무엇인가를 생각할 수 있고 상상할 수 있다. 유식학에서는 이처럼 '전5식' 없이 홀로 발생하는 의식을 '불구의식(不俱意識)'이라고 한다. '불구의식'은 다시 '5후의식(五後意識)'과 '독두의식(獨頭意識)'으로 나누어진다.

'5후의식'은 '전5식이 활동한 이후에 작용하는 의식'이다. 곧 '5후의식'은 '전5식'의 활동이 끝난 이후에도 제6의식이 계속 작용하는 상태를 말한다. 예를 들면 미술관에 가서 좋은 작품을 보고 난 후에 여운이 남아 돌아오는 길에 계속해서 그것에 대해 생각하는 '의식'을 말한다. 이전에 발생했던 '전5식'의 대상은 사라지고 없지만 '전5식'과 함께 발생했던 '의식'을 다시 기억해 내는 '의식'을 말한다.

'독두의식'은 '제6의식'이 '전5식'과는 별도로 독자적으로 활동하는 '의식'을 말한다. 이 '독두의식'은 다시 '독산의식(獨散意識)', '몽중의식(夢中意識)', '정중의식(定中意識)'으로 나누어진다. '독산의식'은 '전5식'의 활동을 떠나 '제6의식'만이 자유롭게 상상이나 환상, 몽상하는 '의식'의 작용을 말한다. '몽중의식'은 꿈속에서 작용하는 '의식'을 말한다. '정중의식'은 선정에서 마음을 집중한 상태에서 작용하는 '의식'을 말한다. 이처럼 '의식'은 '전5식'이 감각기관의 대상에 국한해서 각각 생겨나는 것과 달리 그 작용의 범위가 매우 넓다.

'의식'은 많은 순간 '전5식'의 범위를 벗어나 작용하기도 한다.

불구의식(不俱意識): 전5식 없이 홀로 발생하는 의식
⊙ 5후의식(五後意識): 전5식이 활동한 이후에 작용하는 의식
⊙ 독두의식(獨頭意識): 전5식과는 별도로 독자적으로 활동하는 의식
* 독산의식(獨散意識): 상상이나 환상, 몽상하는 의식
* 몽중의식(夢中意識): 꿈속에서 작용하는 의식
* 정중의식(定中意識): 선정에서 마음을 집중한 상태에서 작용하는 의식

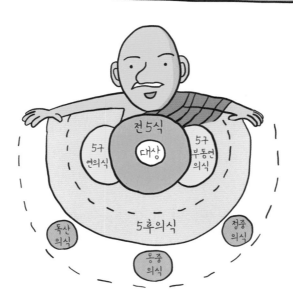

제7식인 말나식, 이기적이고 자기중심적인 마음

유가행파의 요가수행자들이 마음을 깊이 있게 관찰하여 일반인들은 자각할 수 없는 마음의 양상을 표현했다. 그 가운데 대표적인 것이 '말나식(末那識, manas-vijñāna)'과 '알라야식(ālaya-vijñāna)'이다. 두 개념은 심층에 존재하는 마음을 표현한 것으로서 대승불교 유식학에서 처음 나타나는 개념이다. 불교 내의 다른 학파와 구분되는 유식학의 독자적인 개념이라 할 수 있다.

이 중 '말나식'은 우리가 일상생활에서 쉽게 자각할 수 있는 '제6의식'보다 더 깊은 곳에서 작용하는 마음으로 정의되고 있다. '말나'는 산스끄리뜨 '마나스(manas)'를 음사한 것으로 '사량하다.' 곧 '생각하여 헤아린다.'는 뜻이다. '식'은 마음을 의미한다. 따라서 말나식은 '사량하는 마음'이라는 뜻이다.

제6의식도 사량하는 마음인데, 말나식은 특히 '자기를 중심으로 생각하고 헤아리는 마음'이라는 점에서 '의식'과 차이가 있다고 볼 수 있다. '말나식'은 '의식'이 작용할 때 '의식'의 뒤에서 항상 자기의 처지에서 생각하며 자기중심으로 판단하게 하는 마음이다. 유식학은 인간이 자기중심적으로 생각하며 행동하는 것은 모두 '말나식'이 '제6의식' 뒤에서 작용하기 때문이라고 본다. '말나식'을 '제6의식'이 생겨나는 뿌리 즉 소의근(所依根)으로 보고 있다.

'말나식'의 이러한 특성은 이보다 더 깊은 곳에 존재하는 '알라야식'을 대상으로 하여 그것[알라야식]이 자신이라고 생각하는 자기중심적인 자아의식[아집]에 기원을 둔다.

- 요가수행자들이 마음을 깊이 관찰하여 일반인들은 자각할 수 없는 마음의 양상을 표현
  ⊙ 대표적인 것이 '말나식(末那識, manas-vijñāna)'과 '알라야식(ālaya-vijñāna)'
  ⊙ 유식학의 독자적인 개념

- 말나식: '의식'보다 더 깊은 곳에서 작용하는 마음
  ⊙ '말나'는 산스끄리뜨 '마나스(manas)'를 음사
  ⊙ '사량하다.' 곧 '생각하여 헤아린다.'는 뜻

- '말나식'은 자기를 중심으로 깊이 생각하여 헤아리는 마음

- 의식의 뒤에서 항상 자기의 입장에서 생각하며 자기중심으로 판단하게 한다.

- 제8식인 '알라야식'을 대상으로 하며 그것이 자아라고 생각

- 언제나 항상 자세하게 자아를 살피고 헤아린다.

말나식   자기 중심   소의근

말나식, 심층에 존재하는 마음

'말나식'은 '알라야식'과 함께 심층식이라고 불린다. 현대 정신분석학에서 무의식이라고 일컫는 마음에 상응한다고 할 수 있다.

유식학 논서인『성유식론』에서는 '말나식'의 작용을 '항심사량(恒審思量)한 다.'라고 표현하고 있다. '항(恒)'이란 '언제나 항상'이라는 뜻이다. 그리고 '심(審)'이란 '자세하게'라는 의미이다. '말나식'은 '언제나 항상 자세하게 자아를 살피고 헤아린다.'는 것이다. 여기서 자아는 '알라야식'이다. '말나식'은 '알라야식'에 대해 아주 미세하고 은밀하게 그리고 멈추지 않고 항상 작용한다고 한다.

즉 '말나식'은 잠을 자거나 깨어 있거나 착한 행위를 하거나 나쁜 행위를 하거나 언제나 자기중심적인 작용을 한다는 것이다. 예를 들자면, 우리가 누군가를 도와주는 착한 일을 할 때, 우리의 마음 깊은 곳에 '말나식'이 은밀하게 작용하고 있다고 한다. 우리는 누군가를 도와주면 자신도 모르게 기분이 좋아지는 것을 느낀다. 이 현상이 일어나는 이유는 '의식'으로는 알아차리지 못하지만, 마음 깊은 곳에서 '나 자신의 만족'을 위해 착한 일을 하게끔 하는 '말나식'의 작용이 있기 때문이라는 것이다. 따라서 '말나식'을 오염된 마음을 뜻하는 '염오의(染汚意)'라고도 부른다.

'말나식'은 유식사상 이전에는 거론되지 않았으며,『해심밀경』과 같은 초기 유식의 경전에도 나오지 않는다. '말나식'은 '알라야식'을 발견한 후에 유가행파에 의해 다듬어진 것으로서 여덟 가지 식 가운데 제일 나중에 제시된 개념이다.

- '말나식'은 '알라야식'과 함께 심층식이라고 불린다.
  ⊙ 마음의 깊은 곳에서 작용하기 때문에 자각할 수 없다.
  ⊙ 현대 정신분석학에서 무의식이라고 일컫는 마음에 상응

- 『성유식론』에서는 '말나식'의 작용을 '항심사량(恒審思量)한다.'
  ⊙ '말나식'은 '언제나 항상 자세하게 자아를 살피고 헤아린다.'는 것
  ⊙ 자아는 '알라야식'을 가리킨다.

- 오염된 마음을 뜻하는 '염오의(染汚意)'라고 불린다.
  ⊙ '말나식'은 언제나 자기중심적으로 생각하며 헤아리는 작용을 한다.

- '말나식'은 '알라야식'을 발견한 후에 유가행파에 의해 다듬어진 것으로서
  여덟 가지 식 가운데 제일 나중에 제시된 개념

제7식 말나식의 작용

유식학은 제7식의 작용을 두 가지로 구분한다. 윤회의 세계에서 작용하는 모습[말나식]과 수행을 통해 마음이 질적으로 변하면서 나타나는 작용[평등성지]이 그것이다.

윤회의 세계에서 말나식은 자기를 중심으로 생각하는 작용을 한다. 구체적으로 말나식은 항상 4번뇌[아치·아견·아만·아애]의 마음작용, 8가지 대수번뇌심소, 5가지 변행심소, 별경심소에 속한 '혜(慧)' 등 총 18가지 마음작용과 상응하여 함께 일어난다고 한다.[01] '혜'는 지혜가 아니라 대상을 선택하며 나누는 마음작용을 말한다. 즉 자신에게 유리하도록 다른 것과 분명하게 구별하는 마음이다. 이러한 작용이 일어나는 근본원인은 '말나식'이 '알라야식'을 영원히 존재하는 것처럼 집착하기 때문이라고 본다.

말나식은 미세하게 작용하기 때문에 10지보살 중 제7지보살의 지위에 올라야 비로소 '아집'이 없어지며, 그 습기(習氣)가 완전히 없어지려면 구경각(究竟覺)에 도달해야만 가능하다고 한다. 수행에 의해, 자기 자신에게 치우쳤던 마음이 완전히 바뀌어 모든 것을 평등하게 보는 눈이 열리고, 이기심이 남을 사랑하는 자애의 마음으로 변하는 것이다. 즉 수행을 통해 마음이 근본적으로 변화하는 전의(轉依) 경험이 일어나면 '말나식'은 청정식으로 변화되어 나와 남을 평등하게 보는 마음[평등성지]과 대자비심으로 나타나게 된다.

---

01 변행심소, 별경심소, 대수번뇌심소 등은 제3장 마음과 마음의 작용 참조.

- 제7식의 두 가지 측면
  ⊙ 윤회의 세계에서 작용하는 모습-> 말나식
  ⊙ 수행을 통해 마음이 질적으로 변하면서 나타나는 작용-> 평등성지

- 윤회의 세계
  ⊙ 자기를 중심으로 생각하는 작용
  ⊙ 아치(我痴)·아견(我見)·아만(我慢)·아애(我愛)의 4번뇌와 함께 작용
  ⊙ 8가지 대수번뇌심소, 5가지 변행심소, 별경심소에 속한 '혜(慧)'와 함께 작용
  ⊙ '혜'는 지혜가 아니라 대상을 선택하며 나누는 마음작용
  ⊙ 이러한 작용이 일어나는 근본원인은 '말나식'이 '알라야식'을 영원히 존재하는
    것처럼 집착하기 때문

- 전의 경험[수행을 통해 마음이 질적으로 변하는 경험]의 결과 생겨나는 작용
  ⊙ 10지 보살 중 제7지 보살의 지위에 올라야 비로소 '아집'이 없어진다.
  ⊙ 그 습기(習氣)가 완전히 없어지려면 구경각(究竟覺)에 도달해야만 가능
  ⊙ 자기 자신에게 치우쳤던 마음이 완전히 바뀌어 모든 것을 평등하게 보는
    눈이 열린다.
  ⊙ '말나식'은 청정식으로 변화되어 나와 남을 평등하게 보는 마음[평등성지]과
    대자비심으로 나타난다.

'말나식'과 늘 함께 작용하는 네 가지 번뇌

윤회의 세계에서 '말나식'은 네 가지 번뇌[四煩惱]인 아치(我癡)·아견(我見)·아만(我慢)·아애(我愛)와 늘 함께 작용한다. 여기에는 모두 자기를 뜻하는 아(我)가 붙어 있다. 즉 자기를 중심으로 생각하는 이 네 가지 작용으로 인해 번뇌가 생겨난다는 것을 의미한다. 이에 대해 차례로 살펴보자.

'아치'는 '나에 대해 어리석다.'는 뜻이다. 자기의 참된 실상을 알지 못하는 무지(無知)이다. 나의 자아는 '무아(無我)'임에도 불구하고 그것을 알지 못한다는 뜻이다. 아치는 '4번뇌' 중 가장 중심이 된다. 자기 자신의 본모습에 대해 모르는 것이 모든 번뇌의 시작이기 때문이다.

'아견'은 '아집(我執)'을 말한다. 마음 깊은 곳에 존재하는 '알라야식'이 실체로서 영원히 존재하는 자아[자기]라고 생각하고, 이 자아에 대해 집착을 한다. 이것을 '아견' 또는 '아집'이라고 한다.

'아만'은 '아견'에 의해 설정된 자아를 의지처로 삼아 자신이 존재한다고 뽐내는 마음이다. 이러한 '아만'에는 자신이 남보다 낫다고 하는 '아승만(我勝慢)'이 있고 자신이 다른 사람과 동등한 입장에 있으면서도 자신이 고귀하다고 하는 '아등만(我等慢)'이 있으며, 실제 마음속으로는 자신이 고귀하고 훌륭하다고 생각을 하고 있으면서도 겉으로는 겸손한 체하는 '아열만(我劣慢)'이 있다.

'아애'는 자기만을 강하게 사랑하고 집착하는 마음작용이다. '아탐(我貪)'이라고도 한다.

ㅡ 아치: 자기의 참된 실상이 무아임을 알지 못하는 무지
  ⊙ 아치는 '4번뇌'중 가장 중심이 된다.
  ⊙ 자기 자신의 본모습에 대해 모르는 것이 모든 번뇌의 시작이기 때문이다.
ㅡ 아견: 아집(我執)을 말한다.
  ⊙ 마음 깊은 곳에 존재하는 제8식인 '알라야식'이 실체로서 영원히 존재하는
자아[자기]라고 생각하고 이 자아[자기]에 대해 집착
ㅡ 아만: 자신이 존재한다고 뽐내는 마음이다.
  ⊙ 아승만(我勝慢): 자신이 남보다 낫다고 생각하는 마음
  ⊙ 아등만(我等慢): 자신이 다른 사람과 동등한 입장에 있으면서도 자신이
고귀하다고 하는 마음
  ⊙ 아열만(我劣慢): 실제 마음속으로는 자신이 고귀하고 훌륭하다고 생각을
하고 있으면서도 겉으로는 겸손한 체하는 마음
ㅡ '아애': 자기만을 강하게 사랑하고 집착하는 마음작용이다. '아탐(我貪)'
이라고도 한다.

제8식인 알라야식, 마음의 가장 깊은 곳에 존재하는 마음

'알라야식'은 요가수행자들이 발견한 새로운 마음이다. 우리가 자고 있
든 깨어 있든 언제나 작용하며 마음의 가장 깊은 곳에 존재하는 마음이
다. '의식'이나 '말나식'보다 깊은 곳에 존재하면서 마음의 작용 결과를
'종자'로서 간직하는 식을 제7말나식 다음의 식이라 해서 제8식이라 부른
다. 이것은 '알라야(ālaya)'라는 말과 '식(vijñāna)'으로 이루어져 있다. '알라야'
는 '저장하다.'라는 뜻이며 '식'은 우리가 일반적으로 생각하는 마음이라고
할 수 있다.[02]

   즉 '알라야식'은 우리가 생각하고, 말하며 행하는 모든 것을 저장한다는
의미를 지닌다. 특히 유식학은 우리의 경험이 저장된 형태를 '종자(種子, bīja)'
로 표현하고 있다. 이것은 비유적 표현으로 경험의 결과가 씨앗처럼 알라야
식에 있다가 싹을 틔우듯이 새로운 생각, 언어, 행위를 일으키는 가능성을
가지고 있다는 의미이다. 예를 들자면, 몇 년 전 여행을 다녀왔던 곳이 어느
순간 떠올랐던 경우를 생각해 보자. 여행하는 동안 주변 경관을 보며 사진
을 찍고 즐겁게 보냈던 장면이 다시 살아나는 경험을 누구나 해 보았을 것
이다. 유식학은 이렇게 자신의 경험이 사라지지 않고 모두 '알라야식'에 저
장되어 있다가 기억된다고 본다.

---

02 '알라야식(ālaya-vijñāna)'은 한문 경전에 아뢰야식(阿賴耶識) 또는 아려야식(阿黎耶識)으로 표기되
   어 있다. 이것은 모두 산스끄리뜨 ālaya를 음사한 것이다. 알라야(ālaya)는 '저장하다.'라는 뜻이
   며, 식은 vijñāna를 번역한 것이다. 위쥬냐나는 '둘로 나누어 알다.'라는 의미로 마음이 인식 주
   체와 인식 대상으로 나누어지면서 인식 작용이 일어나는 것을 일컫는다.

- 알라야식: 요가수행자들이 발견한 마음

- 언제나 작용하며 마음의 가장 깊은 곳에 존재

- 제7말나식 다음의 식이라 해서 제8식이라 부른다.

- 우리가 생각하고, 말하며 행하는 모든 것을 저장한다는 의미를 지닌다.

- 영원불변하는 마음이 아니라 변화하는 존재

알라야식은 언제나 멈추지 않고 마음의 가장 깊은 곳에서 작용하고 있어.

알라야식은 끊임없이 변화하는 마음

우리는 내일도 지금과 같은 모습으로 존재할 것이고 10년 후, 50년 후에도 존재할 것이라는 생각을 하면서 살아간다. 유식학에서는 이러한 마음의 작용이 제7식인 말나식에 의해 생겨난다고 본다. 말나식이 마음의 가장 깊은 곳에 존재하는 알라야식에 대해 그것이 영원히 존재한다는 생각을 하기 때문에 생겨나는 현상이라고 본다.

하지만 곰곰이 생각해 보면, 우리에게 언제 어떤 일이 벌어질지 모른다. 항상 지금과 같은 모습으로 존재할 수 있다고 장담할 수 없다. 유식학은 보다 근원적으로 이러한 현상을 설명하고자 한다. 자신이 영원히 존재할 것이라고 생각하는 이러한 현상은 알라야식의 본성을 제대로 보지 않아서 생겨나는 것이라고 밝히고 있다. 곧 알라야식이 변하지 않는 존재라고 여기는 것은 무명(無明)에서 비롯된 것이라고 한다.

또한 『유식삼십송』에는 "알라야식은 폭류와 같이 변화한다."라는 비유적 표현이 있다. '알라야식'은 영원불변하는 마음이 아니라 변화하는 존재라는 것을 보여주고 있다. 강물이 격렬하게 흘러가는 모습을 보면 한 지점의 물은 같은 물처럼 보인다. 하지만 그 이면에는 한 지점에 존재했던 물은 흘러가고 물이 또 흘러들어 온다. 유식학은 '알라야식'도 이처럼 끊임없이 흐르는 존재로서 변화하는 존재 즉 '무아(無我)'임을 설명하고 있다. 마음 깊은 곳에서 작용하는 '알라야식'을 강물이 격렬하게 흘러가듯이 끊임없이 변화하고 있다고 표현할 수 있는 것은 요가수행자들이 깊이 있게 통찰했기 때문이다.

- 알라야식이 변하지 않는 존재라고 여기는 것은 무명(無明)에서 비롯된 것.

- 『유식삼십송』의 "알라야식은 폭류와 같이 변화한다."라는 비유적 표현
  ⊙ '알라야식'은 영원불변하는 마음이 아니라 변화하는 존재라는 것.
  ⊙ '알라야식'은 흐르는 물처럼 끊임없이 변화하는 존재 즉 '무아(無我)'임을 설명

- 심층의 마음을 표현할 수 있었던 것은 요가수행자들의 깊은 통찰의 결과

- 유식학은 마음이 영원불변한 것이 아니라 끊임없이 변화하는 존재라는 입장에 있다.

알라야식은 이 바눗방울처럼 크거나 작고, 바람에 날아가기도 하고 터지기도 하는 끊임없이 변화하는 존재입니다.

알라야식의 기능1. 윤회의 주체

유식학에서 '알라야식'은 다양하게 불린다. 명칭이 다양하다는 것은 '알라야식'이 여러 역할을 한다는 것을 의미한다. 우선 '알라야식'이 윤회(輪廻)의 주체로서 제시되었다는 점을 들 수 있다.

윤회는 해탈의 경지에 도달하지 못한 사람은 그 경지에 도달할 때까지 계속해서 이 세상에 태어난다는 것을 말한다. 인도인들 대부분 윤회를 믿었으며, 불교 또한 이 윤회설을 받아들였다. 그렇다면 '윤회의 주체는 무엇인가?'라는 문제가 대두된다. 인도 힌두교의 상상적·실천적 토대인 우빠니샤드에서는 윤회의 주체를 영원히 변하지 않는 아뜨만으로 본다. 전생·현생·내생에 걸쳐 몸이 달라져도 내부에 존재하는 아뜨만은 변하지 않는다는 것이다.

하지만 잘 알려져 있듯이 불교는 아뜨만과 같은 실체를 부정하는 '무아'를 제시하고 있다. 따라서 '무아'와 윤회가 어떻게 연결될 수 있는지에 대한 논의는 유가행파가 생겨나기 이전에도 계속 있어 왔다. 예컨대 업을 담지하고 있는 주체로서 부파불교 가운데 하나인 정량부에서는 뿌드갈라를 제시하였고, 대중부에서는 근본식이 존재한다고 하였다.

한편 요가행자들은 마음 깊은 곳에 존재하는 '알라야식'이 업을 담고 있어서 윤회하는 주체로서 작용한다고 주장했다. 그리고 '알라야식'은 끊임없이 변하는 무아적 존재라는 입장을 제시했다. 이러한 역할을 하는 '알라야식'의 발견은 유가행파를 하나의 학파로 서게 한 동력이었다.

- '알라야식'이 업을 담고 있어서 윤회하는 주체로서 작용
- '알라야식'의 발견은 유가행파를 하나의 학파로 서게 한 동력

근본식

- 모든 식 작용의 근본적인 전제
- '알라야식'은 우리가 자주 자기 자신과 동일시하는 마음

알라야식의 기능 2. '근본식', 모든 마음작용의 전제

유식학은 인간의 마음을 8가지 층으로 분석하고 있다. 우선, 겉으로 보았을 때 인간은 안·이·비·설·신·의(眼·耳·鼻·舌·身·意)의 여섯 가지 감각기관으로 이루어진 존재이다. 이 감각기관에 의해 안식·이식·비식·설식·신식·의식(眼識·耳識·鼻識·舌識·身識·意識)이 생겨난다. 앞의 다섯 가지를 전5식(前五識)이라 하고, 여섯 번째의 식(識)을 제6의식이라고 한다. 전5식에는 자체로서 판단하고 유추하는 능력이 없다. 그것은 외부의 객관과 접촉할 수 있는 곳일 뿐이다. 전5식은 제6의식에 의하여 통괄된다. 제6의식은 의식의 세계이며 우리가 자각할 수 있다. 반면 제7말나식과 제8알라야식은 마음의 깊은 곳에서 작용하기 때문에 자각할 수 없다고 한다.

유식학은 이 가운데서도 가장 근원적인 마음을 알라야식이라고 보았다. '알라야식'은 '의식'이나 '말나식'보다 더 깊이 감추어진 식으로서 우리가 자주 자기 자신과 동일시하는 마음이다. '알라야식'은 모든 식 작용의 근본적인 전제가 되기 때문에 '본식(本識)'이라고도 한다. 즉 7가지 식의 활동은 사라지지 않고 모두 '알라야식'에 저장이 되어 또 다른 마음의 작용이 일어나게 하는 근본적인 역할을 '알라야식'이 한다고 본다.

유식학에서 '알라야식'은 본래 요가수행자들이 직접 경험하고 발견한 심층의 식이며 미세한 식이다. 수행자들은 요가를 수행하는 과정에서 일상생활에서 의식되지 않았던 많은 영상들이 펼쳐지는 것을 직접 경험하고 이 현상이 '알라야식'에서 시작된다고 보았다.

- 유식학은 인간의 마음을 8가지 층으로 분석
  ⊙ 겉으로 보았을 때 인간은 안·이·비·설·신·의(眼·耳·鼻·舌·身·意)의 여섯 가지 감각기관으로 이루어진 존재
  ⊙ 이 감각기관에 의해 전5식(前五識)과 제6의식이 생겨난다.
  ⊙ 전5식과 제6의식은 우리가 자각할 수 있다.
  ⊙ 반면 제7말나식과 제8알라야식은 자각할 수 없는 심층의 마음이다.

- 유식학은 8가지 마음 가운데 가장 근원적인 마음을 '알라야식'이라고 보았다.
  ⊙ '알라야식'은 우리가 자주 자기 자신과 동일시하는 마음
  ⊙ '알라야식'은 모든 식 작용의 근본적인 전제가 되기 때문에 '본식'이라고도 한다.
  ⊙ 전5식, 제6의식, 제7말나식의 활동 결과는 사라지지 않고 '알라야식'에 저장되어 또 다른 작용이 일어나게 하는 근본적인 역할을 한다.

'알라야식'은 요가 수행자들이 직접 경험하고 발견한 심층의 식이며 미세한 식

알라야식은 내가 자각할 수는 없지만 내가 행하는 모든 것의 가장 근본이다.

알라야식의 기능 3. '장식', 업의 담지자

'알라야식'은 '종자'들을 담고 있는 마음이라고 해서 '장식'이라고도 부른다. 유가행파는 이 '장식'을 능동적인 측면[능장(能藏)]과 수동적인 측면[소장(所藏)]으로 구분했다. 먼저 능동적인 면은 '알라야식'이 우리가 행했던 결과를 보존하고 유지하는 측면을 말한다. 알라야식이 '종자'를 품는 주체라는 측면에서 능동적이라는 것이다. 즉 '알라야식'은 자신이 공부하면서 습득한 지식, 생활하면서 익혔던 가치관을 비롯하여 다양한 경험을 보존하고 유지하는 '종자'를 저장하여 자신의 개성을 펼치는 존재라는 것이다.

반면, '알라야식'의 수동적인 측면은 안·이·비·설·신의 '전5식'과 '제6의식', '말나식'이 작용한 결과물을 받아들인다는 면에서 본 것이다. 예를 들면, 우리는 인터넷을 접속하여 눈으로 화면에 보이는 사진과 글을 보고 자기중심으로 해석한다. 이 작용의 결과는 사라지는 것이 아니라 모두 내 마음에 존재하는 '알라야식'에 저장된다. '알라야식'은 그 결과물을 받아들이는 위치라는 면에서 수동적인 역할을 한다고 본다.

또한 '알라야식'이 '말나식'의 작용인 '아애(我愛)'에 의해 집착된다는 점에서 '집장(執藏)'으로 불리기도 한다. 즉 제7식인 '말나식'은 아애의 작용으로 제8식인 '알라야식'을 나라고 집착한다.

장식(藏識)

- '종자'들을 담고 있는 마음

- '장식'은 세부적으로 3가지 의미를 지닌다.
  ◉ 능장(能藏): 알라야식이 '종자'를 품는 능동적인 주체
  ◉ 소장(所藏): 전6식(前六識)과 말나식이 작용한 결과물을 받아들이는
수동적인 측면
  ◉ 집장(執藏): 말나식에 의해 나라고 집착되어진 것

'아다나식', 몸의 형태와 마음을 유지하는 작용

- '알라야식'은 '종자'를 보존하고 나의 얼굴과 몸이 지금의 모습처럼
유지되도록 잡아주는 작용을 한다.

알라야식의 기능 4.
'아다나식', 종자와 몸의 형태를 유지하는 작용

'알라야식'은 '아다나식(阿陀那識, ādāna-vijñāna)'이라고도 한다. '아다나'는 산스끄리뜨 ādāna의 음역이다. 한자로 '집지(執持)'라고 번역된다. '붙잡아 유지한다.'는 뜻이다.

'알라야식'은 '종자'와 모든 색근[안근 내지 신근]을 잡아 유지하여[집지하여] 흩어지거나 무너지지 않도록 하는 작용을 하기 때문에 '아다나식'이라고 불린다. 곧 '아다나식'이 나 자신이 행한 결과인 '종자'를 보존하고, 나의 얼굴과 몸이 지금의 모습처럼 유지되도록 잡아주는 작용을 한다는 것이다.

유식학에서는 우리가 생각하고 행동하고 말하는 모든 행위의 결과는 사라지지 않고 심층에 존재하는 '알라야식'에 저장된다고 본다. 저장된 결과는 식물의 씨앗이 물과 햇빛을 받아 싹을 틔우듯이, 인연에 의해 또 다른 마음의 작용을 일으킨다고 해석하고 있다. 곧 저장된 결과[종자]는 '알라야식'에 존재하게 되며 이 종자가 흩어지지 않는 이유가 '알라야식'이 붙잡고 있기 때문이라고 한다.

한편, 우리의 몸이 허물어지지 않고 그대로 유지되는 것 또한 심층에 존재하는 '알라야식'의 역할에 의한 것이라고 한다. 살아있는 동안 우리의 얼굴과 몸은 마음과 유기적으로 연결되어 작용한다. 하지만 사망하면, 업의 담지자인 '알라야식'은 또 다른 몸을 받아 윤회하게 된다고 한다. 따라서 사망한 몸이 부패하여 흩어지게 되는 것은 '알라야식'의 작용이 사라져서 몸을 잡아주지 못하기 때문이라고 해석해 볼 수 있다.

- '알라야식'은 '아다나식(阿陀那識, ādāna-vijñāna)'이라고도 한다.
  - ⊙ '아다나'는 산스끄리뜨 아다나(ādāna)의 음역이다. 한자로 '집지(執持)' 라고 번역된다.
  - ⊙ '붙잡아 유지한다.'는 뜻

- '아다나식'은 '종자'와 몸이 흩어지거나 무너지지 않도록 하는 작용을 한다.
  - ⊙ '아다나식'은 우리가 행한 모든 결과인 '종자'를 보존한다.
    - ＊ 이 종자가 흩어지지 않는 이유가 '아다나식'이 붙잡고 있기 때문이라고 본다.
  - ⊙ 나의 얼굴과 몸이 지금의 모습처럼 유지되도록 잡아주는 작용을 한다.
    - ＊ 인간이 사망하면, 몸이 부패하고 흩어지는 이유는 '알라야식'의 작용이 사라졌기 때문이라고 해석해 볼 수 있다.

종자가 무너지면 우리 몸도 이렇게 낙엽처럼 무너지고 부스러지고 말겠지.

'이숙식', 업의 성질이 변화되어 성숙

'이숙'이란 '다르게 성숙했다.'는 뜻이다. 과거의 행위가 알라야식에 담겨서 다르게 무르익었다는 것이다. 우리는 생활하면서 착한[선] 행위를 하거나 나쁜[악] 행위를 한다. 유식학에서는 이것이 우리 마음 깊은 곳에 있는 '알라야식' 속에 저장되면 '착한 것도 아니고 악한 것도 아닌 것[무기]'으로 변한다고 한다. 그리고 이를 '무기(無記)'라고 표현한다. 선업과 악업이 '알라야식'에 종자로 저장될 때 그것은 선도 아니고 악도 아닌 무기가 된다는 것이다. 다시 말하면, 다르게 성숙된 결과[異熟果]로 '알라야식'에 저장된다는 것이다. 따라서 '알라야식'은 '이숙식'이라고 불린다.

'알라야식'이 '무기'인 이유는 우리가 마음의 작용을 일으키는 현상을 논리적으로 설명하게 하는 이점이 있다. 예를 들자면, 만약 '알라야식'이 선하다고 한다면 사람들은 악한 마음을 낼 수 없을 것이다. 반대로 '알라야식'이 악하다면 착한 마음을 내서 행동을 하는 일이 생겨날 수 없을 것이며, 수행을 하려는 마음도 낼 수 없을 것이다. 따라서 이 모든 것이 가능하려면 '알라야식'은 선도 악도 아닌 '무기'일 수밖에 없다는 것이다. 그리고 '알라야식'은 백지[無記]이기 때문에 모든 것을 받아들이는 것이 가능하다는 것이다.[03]

---

03 무부무기(無覆無記, anivrtāvyākrta)는 그 자체로는 선도 아니고 악도 아니며[無記] 깨달음으로 나아가는 데 장애나 방해하는 것이 없는 것[無覆]을 말한다. '알라야식'은 '무기' 중에서도 무부무기(無覆無記)에 해당한다. 반면 말나식은 '유부무기(有覆無記, nivrtāvyākrta)'이다. 그 자체로는 선도 아니고 악도 아닌 '무기'이지만 번뇌와 상응하여 '깨달음으로 나아가는 데 장애나 방해하는 것[有覆]'을 말한다.

이숙식(異熟識)

– 과거의 행위가 다르게 성숙된 결과[이숙과(異熟果)]로 '알라야식'에 저장

– 선업과 악업이 '알라야식'에 종자로 저장될 때 그것은 선도 아니고 악도 아닌 무기(無記)가 된다는 것

– '알라야식'이 선도 아니고 악도 아닌 '무기'인 이유
⊙ '알라야식'이 선하다면 사람들은 악한 마음을 낼 수 없을 것.
⊙ '알라야식'이 악하다면 착한 마음을 내서 행동하는 일이 생겨날 수 없을 것.
⊙ 수행을 하려는 마음도 낼 수 없을 것.
⊙ 따라서 '알라야식'은 백지[무기]이기 때문에 모든 것을 받아들이는 것이 가능

알라야식은 백지이기에 선도 악도 아닌 상태로 저장된다.

'일체종자식', 경험의 흔적을 담고 있는 마음

유식학에서는 내가 흥미 있다고 생각하는 책을 읽거나 미술관에 가서 좋은 작품을 감상하거나 훌륭한 연주를 들을 때, 이러한 모든 것은 나도 모르는 사이에 마음 깊은 곳에 있는 '알라야식'에 흔적을 남긴다고 한다. 그리고 이 흔적을 '종자'라고 한다. '종자'는 또 다른 행위를 일으키는 잠재력 곧 에너지이다. '알라야식'에 우리 삶의 모든 흔적이 '종자'로 담겨 있다고 보는 점에서 '알라야식'을 '일체종자식'이라고도 한다.

그리고 '종자'가 '알라야식'에 저장되는 현상을 '훈습(薰習)'이라고 표현한다. '훈습'은, 비유하자면, 향을 싼 종이에 향냄새가 스며들 듯이 우리가 평소에 말하고 생각하고 행동한 결과가 '알라야식'에 흔적을 남기는 현상이다.

'훈습'은 산스끄리뜨 '와싸나(vāsanā)'를 한역한 것이다. vāsanā는 '보존하다, 두다, 머무르다.'라는 동사 √vas로부터 파생한 것이다. 그리고 '와싸나'는 '습기(習氣)'라고 번역하기도 한다. 반복적으로 행한 행위가 마음에 심어진 것을 '습기'라고 표현한다.

유식학은 자신이 생각하고 말하고 행동한 모든 결과가 심층에 존재하는 알라야식에 훈습되어 이후 다시 또 다른 행위를 일으키는 원인이 된다고 본다. 자신이 지은 업은 사라지지 않고 언젠가 다른 형태로 나타난다는 입장을 견지하고 있다.

'일체종자식', 경험의 흔적을 담고 있는 마음

- '알라야식'에는 우리 삶의 모든 흔적이 담겨 있다는 점에서 '알라야식'을 '일체종자식'이라고 부른다.
- '종자'는 또 다른 행위를 일으키는 잠재력이다. 우리가 생각하고 말하고 행한 결과가 마음에 흔적을 남겨 씨앗에서 싹이 트듯이 다른 행위를 일으킨다고 보고, 이 잠재적인 힘을 비유적으로 '종자'라고 표현하였다.
- 훈습(熏習) : '종자'가 '알라야식'에 저장되는 현상
  ⊙ 산스끄리뜨 '바사나(vasana)'를 한역한 것.
  ⊙ 바사나는 '습기'라고도 번역
  ⊙ 반복적으로 행한 행위가 마음에 심어진 것을 '습기'라고 표현함.
  ⊙ '습기'는 '종자'라고 표현되기도 함.
- '명언습기(名言習氣)' : '명언종자'라고도 한다.
  ⊙ 우리가 언어를 통해 말하는 작용이 '알라야식'에 반복해서 쌓여간다는 뜻
- '등류습기(等流習氣)'
  ⊙ '원인과 결과의 성질이 동일한 습기'
  ⊙ 선인(善因)은 선과(善果)를 가져오게 되고, 악인(惡因)은 악과(惡果)를 가져오게 되는 것.
- '이숙습기(異熟習氣)' : '업종자'라고도 한다.
  ⊙ 원인과 결과의 성질이 다른 '습기'가 '이숙습기'
  ⊙ 원인이 선악이면 결과는 선도 아니고 악도 아닌 '무기'로 나타나는 것.
  ⊙ '무기'의 신체로 태어나게 한 선업과 악업의 '종자'

알라야식에 존재하는 '습기'

'습기'는 크게 명언습기, 등류습기, 이숙습기로 분류된다. 이 가운데 우선 '명언습기(名言習氣)'는 '명언종자'라고도 한다. '명언'은 언어를 가리킨다. '명언습기'는 우리가 언어를 통해 말하는 작용이 '알라야식'에 반복해서 쌓여간다는 뜻이다. 우리가 언어로 생각하고 말하면서 타인과 소통하게 되면 그 결과는 다시 마음속에 '명언습기'로 저장된다는 것이다.

'등류습기(等流習氣)'는 '원인과 결과의 성질이 동일한 습기'를 말한다. 여기서 등류란 '원인과 결과가 닮았다.'라는 뜻이다. 예를 들자면, 내가 착한 행위를 하고, 그 행위로 훈습된 종자가 선한 성질이면 결과도 선한 행위로 나타난다는 것이다. 선인(善因)은 선과(善果)를 가져오게 되고, 악인(惡因)은 악과(惡果)를 가져오게 하는 등 업인(業因)과 과보(果報)가 그 성질에 있어서 동일하게 이루어지는 것을 말한다.

'이숙습기(異熟習氣)'는 '업종자'라고도 한다. 앞에서 살펴본 바와 같이 '이숙'이란 '다르게 익는다.'는 의미이다. '이숙습기'는 '등류습기'와는 달리 원인과 결과의 성질이 다른 '습기'를 말한다. 즉 원인이 선악이면 결과는 선도 아니고 악도 아닌 '무기'로 나타나는 것을 '이숙습기'라고 한다. 앞의 '이숙식'에서 예를 든 바와 같이 선업과 악업이 '알라야식'에 '종자'로 저장될 때 그것은 선도 아니고 악도 아닌 무기가 되는 것을 말한다. 또 다른 예로서, 어떤 사람이 윤회하여 태어났다고 할 때 타고난 몸 즉 신체는 그 성질이 선도 아니고 악도 아닌 무기이다. 이러한 무기의 신체로 태어나게 한 선업과 악업의 '종자'가 '이숙습기'에 해당한다.

- ‘습기’는 크게 명언습기, 등류습기, 이숙습기로 분류된다.

- ‘명언습기(名言習氣)’: ‘명언종자’라고도 한다.
  ⊙ 우리가 언어를 통해 말하는 작용이 ‘알라야식’에 반복해서 쌓여간다는 뜻

- ‘등류습기(等流習氣)’
  ⊙ ‘원인과 결과의 성질이 동일한 습기’
  ⊙ 선인(善因)은 선과(善果)를 가져오게 되고, 악인(惡因)은 악과(惡果)를 가져오게 되는 것

- ‘이숙습기(異熟習氣)’: ‘업종자’라고도 한다.
  ⊙ 원인과 결과의 성질이 다른 ‘습기’
  ⊙ 원인이 선악이면 결과는 선도 아니고 악도 아닌 ‘무기’로 나타나는 것.
  ⊙ ‘무기’의 신체로 태어나게 한 선업과 악업의 ‘종자’가 ‘이숙습기’

제 2장

마음이 만든 세상

식전변, 현상을 만드는 마음의 작용

유식학은 나를 비롯한 나에게 펼쳐진 세상이 모두 마음이 변해서 생긴 것이라고 본다. 즉 나와 나를 둘러싼 현상이 마음의 작용으로 생겨난 것으로 설명한다. 그리고 이러한 현상을 만드는 마음의 지속적인 변화작용을 '식전변(識轉變)'이라고 부른다. '전변'은 변화한다는 뜻이며 남의 힘으로 변하는 것이 아니라 자기 자신의 힘으로 자기 자신 속에서 변화하는 것을 의미한다. '식전변'은 곧 마음이 자신의 힘으로 변하는 것을 뜻한다.

이때 변화를 일으키는 마음 즉 나를 '능변(能變)'이라고 부르고, 변화되어 나타난 마음, 즉 나를 둘러싼 현상을 '소변(所變)'이라고 부른다. '능변'은 다시 '인능변(因能變)'과 '과능변(果能變)'으로 구분된다.

'인능변'은 '알라야식'에 존재하던 '종자'가 원인이 되어 '알라야식' 자신을 비롯해서 '말나식', '의식', '전5식'이 생겨나게 하는 것을 말한다. 우리가 행한 모든 것이 '종자'로 '알라야식'에 저장되어 있다가 인연이 닿으면 '종자'가 또 다른 마음의 작용을 일으키게 되는데 이것을 '인능변'이라고 부른다.

'과능변'은 '종자'에 의해 생겨난 8가지 식이 각각 '견분〔見分, 보는 쪽〕'과 '상분〔相分, 보이는 쪽〕'으로 변화하는 것을 말한다. 즉 '알라야식' 속에 있는 '종자〔因能變〕'의 힘에 의해 8가지 식이 생겨나며, 생겨난 이 8가지 식이 각각 '보는 주체'와 '보이는 대상'으로 나누어지는 현상이 '과능변'이다.

－ 현상을 만드는 마음의 지속적인 변화작용

－ 마음이 스스로의 힘으로 변하는 것

－ 능변(能變): 변화를 일으키는 마음 즉 나

　⊙인능변(因能變): '종자'가 원인이 되어 '알라야식'을 비롯해서 '말나식', '의식', '전5식'이 생겨나게 하는 것

　⊙과능변(果能變): '종자'에 의해 생겨난 8가지 식이 각각 '견분[見分, 보는 쪽]'과 '상분[相分, 보이는 쪽]'으로 변화하는 것

－ 소변(所變): 나를 둘러싼 현상

－ 식전변(識轉變)은 제1능변인 '알라야식'의 활동, 제2능변인 '말나식'의 활동, 제3능변인 '전6식'의 활동으로 구분된다.

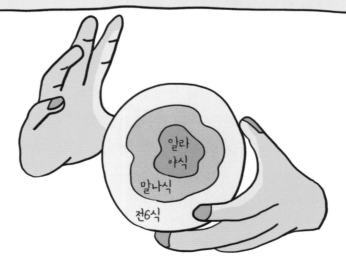

'식전변', 인식의 주체와 인식의 대상

유식학에서 인식의 작용은 마음이 마음을 보는 것을 의미한다. 전자의 마음은 인식하는 주체이고 후자의 마음은 인식되는 마음이다. 그리고 인식하는 마음과 인식의 대상 모두 마음이 변해서 생겨난다고 본다. 이 현상은 '식전변'으로 표현되고 있다.

'식전변'이 발생하는 메커니즘은 '알라야식'에 존재하는 '종자'로부터 시작된다. '종자'는 우리가 경험했던 내용이 '알라야식'에 저장된 것으로 정의되고 있다. 우리가 어떤 것을 기억할 때 그 순간 인식하는 주체와 마음에 떠오른 현상 즉 대상이 생겨나게 되는 것은 바로 기억의 내용이 저장된 '종자'가 생생하게 활동한 결과라고 한다.

다시 말하면, '식전변'은 심층에 존재하는 경험정보가 제6의식을 비롯한 전5식 곧 표층의 의식 수준으로 드러나게 될 때, 인식의 주체와 인식의 대상이 분명하게 드러나는 마음의 현상을 말한다. '식전변'은 모두 자신이 만들어 놓은 경험 결과로부터 마음의 작용이 생겨난다는 것을 보여주고 있다.

유식학에 의하면, 우리는 '식전변'으로부터 생겨난 인식 주관과 인식대상에 대해, 인식하는 주관을 자신이라고 여기고, 인식의 대상을 세계라고 투사함으로써 그것을 실재라고 믿으면서 살아간다고 한다. 유식학은 수행을 통해 마음에 의해 만들어진 주관과 인식대상이 모두 무아임을 통찰하여 이러한 현상이 잘못된 믿음임을 여실히 볼 것을 제안하고 있다.

- 유식학에서 인식의 작용은 '마음'이 '마음'을 보는 것을 의미한다.
  ⊙ 보는 마음은 '인식하는 주체'이고 보여지는 대상은 '인식되는 마음'
  ⊙ 인식하는 마음과 인식의 대상 모두 마음이 변해서 생겨난다고 본다.
  ⊙ 이 현상을 '식전변'으로 표현하고 있다.

- 우리가 어떤 것을 기억할 때, 그 순간 인식하는 주체와 마음에 떠오른 현상이 생겨나게 되는 것은 '종자'가 생생하게 활동한 결과

- '식전변'은 모두 자신이 만들어 놓은 경험 결과로부터 마음의 작용이 생겨난다는 것을 말한다.

- 우리는 인식하는 주관을 자신이라고 여기고, 인식의 대상을 세계라고 투사함으로써 그것을 실재라고 믿으면서 살아간다.

- 유식학은 인식 주관과 인식 대상이 모두 무아임을 통찰하여, 이러한 현상이 잘못된 믿음임을 여실히 볼 것을 제안한다.

식전변 제1능변, '알라야식'

유식학은 '알라야식'이 고정된 상태로 존재하는 것이 아니라 지속적으로 변화한다고 본다. 그 변화를 설명하는 것이 '전변'이다. 사실 이 현상은 우리 내부 깊은 곳에서 발생하기 때문에 자각하기 어렵다. 요가수행자들이 수행을 통해 관찰한 것을 토대로 제시한 것이라 할 수 있다.

근본식인 '알라야식'으로부터 현상이 생겨난다는 이론은 인도 쌍키야(sāṃkhya)학파에서 말하는 어떤 근원적이며 변하지 않는 실체로부터 현상이 생겨난다는 이른바 그들의 전변설과 유사하게 보인다. 그러나 유식학의 '알라야식'은 찰나멸하면서 변화해가는 무아(無我)적 존재이므로 쌍키야 학파의 순수의식 또는 원질과 다르다.

유식학의 '식전변'은 크게 3가지로 구분된다. 각각 제1, 제2, 제3능변이라 부른다. 제1능변은 '알라야식'의 활동이며, 제2능변은 '말나식'의 활동을 말한다. 제3능변은 '전6식'의 활동을 말한다.

제1능변인 '알라야식'의 '전변'이란 '알라야식'의 내부에 존재하는 '종자'가 동인(動因)이 되어 '알라야식'이 변하고, 변화된 '알라야식'은 다시 보는 쪽〔견분〕과 보이는 쪽〔상분〕으로 나누어지는 현상을 말한다. 이 가운데 보는 쪽은 '알라야식'이며, 보이는 쪽 즉 '알라야식'의 인식대상은 3가지로 제시되고 있다. 그것은 '종자(種子)', '유근신(有根身)', '기세간(器世間)'이다.

- '알라야식'의 내부에 존재하는 '종자'가 동인이 되어 알라야식이 변화

- 변화된 알라야식은 다시 보는 쪽[견분]과 보이는 쪽[상분]으로 나누어진다.
  ⊙ 견분은 알라야식
  ⊙ 상분은 '종자(種子)', '유근신(有根身)', '기세간(器世間)'
    ＊ 종자: '알라야식'이 '종자'를 저장하고 붙잡고 있다는 점
    ＊ 유근신: 감각기관을 갖춘 우리의 신체.
              각 개인의 행위가 저장된 '불공종자(不共種子)'로 인해 형성된 것.
    ＊ 기세간: 몸이 의지해 사는 자연세계
              공동의 업의 결과인 '공종자'로 인해 형성

- 우리 마음의 근본무명(根本無明, avidya) 때문에 아집(我執)과 법집(法執)이 형성
  ⊙ 아집: '알라야식'의 전변 결과인 견분을 실체로서의 자아로 여기고 집착
  ⊙ 법집: 상분을 마치 마음 바깥에 실체로서 존재하는 것처럼 여기고 집착

전분
(보는 쪽)

상분
(보이는 쪽)

'알라야식'의 인식대상, 종자·유근신·기세간

'종자'는 '알라야식'이 변하도록 하는 원인이지만 '알라야식'이 '종자'를 저장하여 붙잡고 있다는 점에서 '알라야식'의 인식대상(상분)이 되기도 한다.

'유근신(有根身)'은 감각기관을 갖춘 우리의 신체를 말한다. 여기에서 근(根)은 5가지 감각기관인 5근(五根)을 말한다. 유식학은 감각 능력을 갖춘 우리의 신체를 '알라야식'이 전변한 결과이며 '알라야식'의 인식대상이 된다고 본다. 그리고 인간의 신체란 각 개인의 행위가 저장된 '불공종자(不共種子)'로 인해 개인의 신체가 형성된 것이라 한다. '불공종자'는 타인과 공유하지 않은 개인만의 경험이 저장된 것을 표현하는 말이다.

'기세간(器世間)'은 몸이 의지해 사는 곳으로 자연세계를 말한다. 세간은 우리가 사는 세계를 말한다. 이것이 중생을 담는 그릇과 같다는 의미에서 '기세간'이라고 한다. 기세간은 개인을 넘어선 공동의 업의 결과인 '공종자'로 인해 형성된다고 본다. '공종자'는 다른 사람과 공유하고 있는 경험이 쌓인 것으로서 나에게 나타나는 자연환경은 '알라야식'에 있는 '공종자'에 의해 나타나는 것이라고 본다.

그런데 '알라야식'의 인식대상인 '종자'와 '유근신'은 너무나도 미세하여 알기 어렵고 '기세간'은 너무나도 넓고 커서 헤아리기가 어렵다고 본다. 그 이유는 우리 마음의 근본무명(根本無明, avidyā) 때문이라고 한다. 이 때문에 '알라야식'의 전변 결과인 견분을 실체로서의 자아로, 상분을 마치 마음 바깥에 실체로서 존재하는 것처럼 생각하게 된다고 본다. 이것이 아집(我執)과 법집(法執)이다.

- '종자'는 '알라야식'이 변하도록 하는 원인이지만, '알라야식'이 '종자'를 저장하고 붙잡고 있다는 점에서 '알라야식'의 인식 대상[상분]이 되기도 한다.

- 유근신(有根身): 감각기관을 갖춘 우리의 신체.
  - 근(根)은 5가지 감각기관인 5근(五根)을 말한다.
  - 유근신은 각 개인의 행위가 저장된 '불공종자(不共種子)'로 인해 형성된 것.

- 기세간(器世間): 몸이 의지해 사는 자연세계
  - 세간은 우리가 사는 세계. 이것이 중생을 담는 그릇과 같다는 의미에서 '기세간'이라고 한다.
  - 공동의 업의 결과인 '공종자'로 인해 형성

- 우리 마음의 근본무명(根本無明, avidyā) 때문에 '종자'와 '유근신'은 너무나도 미세하며 알기 어렵고 '기세간'은 너무나도 넓고 커서 헤아리기가 어렵다고 한다.

- 또한 근본무명 때문에 아집(我執)과 법집(法執)이 형성
  - 아집: '알라야식'의 전변 결과인 견분을 실체로서의 자아로 여기고 집착
  - 법집: 상분을 마치 마음 바깥에 실체로서 존재하는 것처럼 여기고 집착

식전변 제2능변, '말나식'

유식학에 의하면, 제7식인 '말나식'은 제8식인 '알라야식'에 있는 '종자'로부터 작용이 생겨나며, '알라야식'과 서로 의존하면서 작용을 한다. '말나식'은 끊임없이 '알라야식'의 견분을 대상〔상분〕으로 삼아서 그것이 내 마음 깊은 곳에 존재하는 '자아'라고 생각하고 집착한다.

　말나식은 자아에 대해 집착하므로 더러워져 있다고 해서 염오의(染汚意)라고도 불린다. 이러한 작용 속에서, 말나식은 제6의식의 배후에서 끊임없이 자아의식을 형성하고 있다고 한다. 우리가 항상 자기중심적으로 생활하는 것은 이 말나식에 기인한다고 한다. 하지만 말나식의 작용은 심층 심리의 미세한 활동이라서 우리는 감지할 수 없다고 한다.

　말나식은 멈추지 않고 끊임없이 작용하는 특징이 있다. 제6의식은 기절할 때 작용이 멈추는 경우도 있지만 말나식은 계속 작용을 한다는 것이다. 말나식은 아치(我癡)·아견(我見)·아만(我慢)·아애(我愛) 등의 4번뇌와 함께 끊임없이 작용한다고 한다. '말나식'의 작용 결과는 '알라야식'에 '종자'로 저장되며 '종자'는 다시 '말나식'의 작용을 일으키는 현상이 지속된다.

　말나식의 또 다른 특징은 유부무기(有覆無記)로 표현된다. 말나식 자체는 선도 악도 아닌 무기(無記)이지만 번뇌와 상응하여 마음이 맑고 명료하게 보지 못하게 가려서〔유부(有覆)〕 수행을 방해하기 때문에 유부무기라고 부른다. 말나식은 아라한, 멸진정, 출세간도에서 소멸된다고 한다.

- '말나식'은 '알라야식'에 있는 '종자'로부터 그 작용이 생겨난다.

- 또한 '말나식'은 '알라야식'과 서로 의존하면서 활동해 나간다.
 ⊙ '말나식'은 끊임없이 '알라야식'의 견분을 대상으로 삼아서 그것이 '자아' 라고 집착
 ⊙ '말나식'의 작용 결과는 다시 '알라야식'에 '종자'로 저장

- 염오의(染汚意): 말나식은 자아에 대해 집착하므로 더러워져 있다.

- 제6의식의 배후에서 끊임없이 자아의식을 형성하고 있다.
 ⊙ 우리가 항상 자기중심적으로 생활하는 것은 이 말나식에 기인한다.
 ⊙ 말나식의 작용은 심층심리의 미세한 활동이라서 우리는 감지할 수 없다.

- 말나식은 멈추지 않고 끊임없이 작용하는 특징이 있다.
 ⊙ 제6의식은 기절할 때 작용이 멈추는 때가 있지만 말나식은 계속 작용한다.
 ⊙ 아치(我癡), 아견(我見), 아만(我慢), 아애(我愛) 등의 4번뇌와 함께 끊임없이 작용한다.

- 말나식의 또 다른 특징은 유부무기(有覆無記)로 표현된다.
 ⊙ 말나식 자체는 선도 악도 아닌 무기(無記)
 ⊙ 번뇌와 상응하여 마음을 가려서[유부(有覆)] 수행을 방해

- 말나식은 아라한, 멸진정, 출세간도에서 소멸된다.

식전변 제3능변, '의식'과 '전5식'

제3능변인 '의식'과 '전5식'의 작용 또한 '알라야식'에 있는 '종자'로부터 시작된다. '식'을 능변이라고 한 것은 변화의 주체가 마음이고 마음이 변화를 능동적으로 주도하기 때문이다.

안식은 눈, 이식은 귀 등 감각기관(根)에 의지해서 외부 대상을 감각적·직관적으로 인식한다. 감각기관에 의지하기 때문에 각자 자기 영역만을 고수한다. 예를 들면 안식은 빛깔과 형체만을 인식하지 소리를 인식하는 일은 없다. 현재 각 감각기관에 대면하고 있는 대상을 인식할 수 있어서 시간적·공간적으로 한계성을 지닌다. 현량지(現量知)로서 대상을 있는 그대로 요별할 뿐 여기에 사량분별이 가해지지 않는다.

'전5식'이 각자 자기 영역을 고수하는 데도 실제로는 종합적으로 인식되는 이유는, 제6의식이 '전5식'의 내용을 종합적으로 인식하기 때문이다. 이외에도 의식은 '전5식'의 결과를 비롯해서 법(法)을 대상으로 하여 기억·회상·추리·상상 등의 작용을 한다.

전5식 및 제6의식은 선(善)을 일으킬 수도 있고 악(惡)을 일으킬 수도 있으며, 선도 아니고, 악도 아닌 무기(無記)를 일으킬 수도 있다고 한다. 자신이나 남에게 좋은 결과를 가져오는 것 즉 이익이 되는 것을 선이라 하고, 자신이나 남에게 좋지 않은 결과를 가져오는 것을 악이라고 한다. 특히 여섯 가지 식 가운데 업을 일으키는 주체는 '의식'이기 때문에 개념적으로 사유하는 '의식'의 작용이 미래를 결정하는 가장 중요한 요인이 된다고 한다.

제2능변, '말나식'

- '말나식'은 '알라야식'에 있는 '종자'로부터 그 작용이 생겨난다.
- 또한 '말나식'은 '알라야식'과 서로 의존하면서 활동해 나간다.
- '말나식'은 끊임없이 '알라야식'의 견분을 대상으로 삼아서 그것이 '자아'라고 집착
- '말나식'의 작용 결과는 다시 '알라야식'에 '종자'로 저장

제3능변, '의식'과 '전5식'

- '의식'과 '전5식'의 작용 또한 '알라야식'에 있는 '종자'로부터 시작
- 여섯 가지 '식'은 각각의 대상이 다르다.
  ⊙ 안식은 색과 모양을, 이식은 소리를, 비식은 냄새를, 설식은 맛을, 신식은 감촉을 대상으로 하며 '의식'은 '전5식'의 결과를 비롯해서 법(法)을 대상으로 한다.
- 여섯 가지 식은 선(善), 악(惡), 무기(無記)를 일으킬 수 있다.
- 여섯 가지 식 가운데 업을 일으키는 주체는 '의식'
- 개념적으로 사유하는 '의식'의 작용이 미래를 결정하는 가장 중요한 요인이 된다.

의식의 작용이 미래를 결정!!

알라야식과 종자

유식학은 마음의 작용 모두가 '알라야식'에 '종자'로 저장된다고 본다. 그리고 인연에 따라 이 '종자'가 싹을 틔우고 변화하게 되는데, 이것이 마음의 다양한 작용이라고 한다.

유식학에서 '종자'는 단순한 생리학적 저장물이 아니다. 그것은 '특수한 정신적 힘, 에너지[功能差別]'로서, 정신현상이 발생하는 원동력이다.『성유식론』에 따르면, 모든 '종자'는 다음의 6가지 속성을 갖추어야 비로소 '종자'로서의 작용이 가능해진다고 한다. 이를 종자6의(種子六義)라고 한다.

1) 종자는 순간순간마다 생멸을 반복하면서 지속된다[찰나멸의(刹那滅義)].

2) 종자는 미래의 결과를 발생시키면서 그 결과와 함께 존재한다[과구유의(果俱有義)].

3) 종자는 항상 지속적이면서 성질이 바뀌거나 단멸되지 않는다[항수전의(恒隨轉義)].

4) 종자는 선·악·무기를 일으킬 힘이 결정되어 있다. 선의 종자에서 악의 결과가 현행된다거나, 악의 종자에서 선의 결과가 현행되는 경우는 결코 없다[성결정의(性決定義)].

5) 제8식의 종자가 인(因)으로 있다 해도 이에 상응하는 연(緣)이 없으면 생할 수 없다. 따라서 언제까지라도 연이 있을 때까지 기다린다[대중연의(待衆緣義)].

6) 종자는 오직 자기의 결과만을 발생시킨다[인자과의(引自果義)].

– 마음의 작용 모두가 '알라야식'에 '종자'로 저장 → 인연에 따라 이 '종자'가 싹을 틔우고 변화. 이것이 마음의 다양한 작용

– '종자'는 단순한 생리학적 저장물이 아니다.

– 그것은 '특수한 정신적 힘, 에너지[功能差別]'로서, 정신현상이 발생하는 원동력이다.

– 종자6의(種子六義): 『성유식론』에 따르면, 모든 '종자'는 다음의 6가지 속성을 갖추어야 비로소 '종자'로서의 작용이 가능해진다고 한다.

⊙ 찰나멸의(刹那滅義): 종자는 순간순간마다 생멸을 반복하면서 지속

⊙ 과구유의(果俱有義): 종자는 미래의 결과를 발생시키면서 그 결과와 함께 존재

⊙ 항수전의(恒隨轉義): 종자는 항상 지속적이면서 성질이 바뀌거나 단멸되지 않는다

⊙ 성결정의(性決定義): 종자는 선·악·무기를 일으킬 힘이 결정되어 있다.

⊙ 대중연의(待衆緣義): 종자가 현상을 일으키려면 반드시 상응하는 연(緣)이 있어야 한다. 따라서 언제까지라도 연이 있을 때까지 기다린다.

⊙ 인자과의(引自果義): 종자는 오직 자기의 결과만을 발생시킨다.

알라야식 연기설, 마음작용의 원리

'알라야식연기'는 심층심리와 표층심리의 유기적인 상호 인과관계에 의해 마음이 계속 움직이고 있는 현상을 표현한 말이다. 유식학은 이 현상을 '종자'와 '현행(現行)'으로 표현하고 있다. '현행'은 '종자'가 결과로 드러난 모습 즉 현재 작용하고 있는 마음의 양상을 표현한 말이다. '종자'로부터 '현행'이 생기기 때문에, 그 경우에는 '종자'가 원인이고 '현행'이 결과이다. 또 발생한 '현행'은 즉시 새로운 '종자'를 '알라야식'에 심기 때문에 그 경우에는 '현행'이 원인이고 '종자'가 결과이다.

구체적인 메커니즘은 3가지 용어로 설명되고 있다. '종자생현행(種子生現行)', '현행훈종자(現行熏種子)', '종자생종자(種子生種子)'가 그것이다. '종자생현행'은 '종자로부터 현재의 마음작용이 일어나는 것'을 표현한 말이다. '현행훈종자'는 '현재 작용하고 있는 모든 경험내용이 종자로 훈습되는 것'을 말한다. '종자생종자'는 '알라야식' 속에서 '종자가 성숙하는 과정' 즉 변화를 하면서 작용하고 있음을 표현한 것이다.

우리 마음은 '알라야식'에 있던 '종자'로부터 끊임없이 펼쳐지고[종자생현행], 펼쳐진 작용은 즉시 '종자'로 알라야식에 저장된다[현행훈종자]. 또한 저장된 종자는 알라야식 속에서 끊임없이 작용을 한다[종자생종자]. '알라야식'에서 성숙된 '종자'는 다시 펼쳐지는 과정이 반복된다. 즉 이러한 현상은 조건이 갖추어지면 현행과 훈습을 반복하면서 이어진다.[04]

---

04 '종자생현행'과 '현행훈종자'는 동일한 찰나에 진행된다. 종자와 싹이라는 인과는 동시에 존재하고, 싹은 생기자마자 새로운 '종자'를 심는다. 이것을 삼법전전인과동시(三法展轉因果同時)라고 한다.

- 마음의 작용 모두가 '알라야식'에 '종자'로 저장 → 인연에 따라 이 '종자'가 싹을 틔우고 변화. 이것이 마음의 다양한 작용

- 현행(現行): '종자'가 결과로 드러난 모습. 즉 현재 작용하고 있는 마음의 양상을 표현한 말

- 알라야식연기: 심층심리와 표층심리의 유기적인 상호 인과관계
 ⊙ 종자생현행(種子生現行): 종자로부터 현재의 마음작용이 일어나는 것.
 ⊙ 현행훈종자(現行熏種子): 현재 작용하고 있는 모든 경험 내용이 종자로 훈습되는 것.
 ⊙ 종자생종자(種子生種子): '알라야식'속에서 '종자가 성숙하는 과정'

- 우리 마음은 현행과 훈습을 반복하면서 이어진다.
⊙ …… 종자생현행 → 현행훈종자 → 종자생종자 → 종자생현행……

3성, 유식의 세계관

유식학은 인간의 마음에 번뇌가 생겨나는 원인을 탐구하고 수행을 통해 편안하고 행복한 경지에 이르는 메커니즘을 제안하고 있다. 이 과정은 영원히 변치 않는 자아(自我)나 자성(自性)을 지닌 법(法)과 같이 고정불변적인 실체의 개념을 규명하는 작업을 통해 이루어진다. 유식학에서는 실체화된 '자아' 개념을 우리 마음에 가장 깊이 존재하는 알라야식이 전개된 것으로 본다. 그리고 알라야식을 자아로 여기고 자아의식에 사로잡힌 의식이 외계 대상에 대해서도 실체로 보는 마음을 일으킨다는 것이다.

유식학의 목적은 실체화된 개념이 우리의 마음이 만들어 낸 것임을 명확히 알고, 수행을 통해 우리의 마음을 지혜로운 마음으로 바꾸는 메커니즘을 세밀하게 보여주는 것이다. 이러한 마음의 성격을 구조적으로 설명하는 것이 3성(三性)과 3무성(三無性)의 교리이다.

이 가운데 특히 3성(三性)은 '3자성(三自性)'이라고도 하며, 마음이 전개된 현상의 성격을 세 가지로 구분한 것이다. 여기에는 '의타기성(依他起性)', '변계소집성(遍計所執性)', '원성실성(圓成實性)'이 있다. 마음의 존재 모습을 3가지로 분류한 것이다. 즉, 마음작용은 다른 것에 의존하여 곧 여러 조건에 의해 나타나는데[의타기성], 사람들은 어리석어서 이 이치를 모르고 자신의 욕망에 따라 집착을 한다[변계소집성]고 본다. 이 집착의 세계는 번뇌 때문에 고통을 받는 상태를 말한다. 그러나 수행을 통해 집착이 사라지면 진실한 세계의 모습이 나타난다[원성실성]고 본다. 유식학은 모든 것은 마음을 떠나서는 존재하지 않는다고 보는 관점에서 현상의 3가지 모습[삼성]을 설명하고 있다.

- 유식학은 번뇌가 생겨나는 원인을 탐구하고 수행을 통해 편안하고 행복한 경지에 이르는 메커니즘을 제안

- 유식학의 목적은 실체화된 개념이 우리의 마음이 만들어 낸 것임을 명확히 알고, 수행을 통해 우리의 마음을 지혜로운 마음으로 바꾸는 메커니즘을 세밀하게 보여주는 것이다.

- 이러한 마음의 성격을 구조적으로 설명하는 것이 3성(三性)과 3무성(三無性)

- '3성'은 '3자성(三自性)'이라고도 하며 '마음의 존재 모습을 세 가지'로 구분한 것

- '의타기성(依他起性)', '변계소집성(遍計所執性)', '원성실성(圓成實性)'
  ⊙ 의타기성: 마음작용은 다른 것에 의존하며 곧 여러 조건에 의해 나타난다.
  ⊙ 변계소집성: 사람들은 어리석어서 이 이치를 모르고 자신의 욕망에 따라 집착을 한다.
  ⊙ 원성실성: 수행을 통해 집착이 사라지면 진실한 세계의 모습이 나타난다.

- 유식학은 모든 것은 마음을 떠나서는 존재하지 않다고 보는 관점에서 현상의 3가지 모습[3성]을 설명하고 있다.

의타기성, 연기의 유식학적 해석

'의타기성(依他起性, paratantra-svabhāva)'은 의지할 의(依), 다를 타(他), 일어날 기(起), 성품 성(性) 자로 이루어진 말이다. 해석하면, 존재하는 모든 것은 '다른 것(他)을 의지하여(依) 일어나는(起) 것을 본질(性)로 한다.'는 뜻이다.

'의타기성'은 근본식인 알라야식을 토대로 여러 조건이 어우러져서 마음의 작용이 생겨나는 것을 표현하고 있다. 예컨대 '의타기성'은 단순히 눈앞의 그림을 바라보는 인식이 성립하는 데에도 대상(그림), 감각기관(눈), 인식주체(식(識)) 등 여러 요소가 인연에 의해 화합되어 있음을 보여준다. 그리고 인식주체인 식의 작용에도 안식, 제6의식, 말나식, 알라야식이 함께 일어나며 여러 심소들이 상응하면서 형성된다고 한다. 이 모든 현상이 알라야식에 있는 종자들이 현행함으로써 생겨난다는 입장을 보여준다. 결국 '의타기성'은 불교의 연기를 유식학의 견지에서 해석한 말이다.

'의타기성'은 또한 분별 집착된 의식이 연기에 의해 생겨나기 때문에 헛된 분별성도 사라질 수 있음을 보여준다. 유식의 이치에 따라 수행을 통해 집착을 일으키는 원인이 마음에 있으며, 마음에 나타난 현상은 고유한 성질이 없는 무자성(無自性)이며 '공'임을 깨달았을 때, 집착하는 마음이 지혜로운 마음으로 바뀔 수 있음을 보여준다. 알라야식의 근본적인 변화의 원리가 의타기성으로 표현되고 있음을 알 수 있다. 모든 마음의 현상이 알라야식에 의존해서 생겨난다는 것을 의미하는 의타기성이란 마음이 생겨나는 원리를 표현하는 연기, 마음의 본성을 표현하는 무자성과 공의 다른 표현이라 할 수 있다.

의타기성(依他起性, paratantra-svabhāva)

⊙ 의지할 의(依), 다를 타(他), 일어날 기(起), 성품 성(性) 자로 이루어진 말

⊙ 존재하는 모든 것은 '다른 것[他]을 의지하여[依] 일어나는[起] 것을 본질[性]로 한다는 의미

— '의타기성'은 근본식인 알라야식을 토대로 여러 조건이 어우러져서 마음의 작용이 생겨나는 것을 표현

— 불교의 연기(緣起)를 유식학의 견지에서 해석한 것

— '의타기성'은 또한 분별 집착된 의식이 연기의 원리에 따라 생겨나기 때문에 헛된 분별성도 사라질 수 있음을 보여준다.

⊙ 수행을 통해, 마음에 나타난 현상은 고유한 성질이 없으며 '공'임을 깨달았을 때, 집착하는 마음이 지혜로운 마음으로 바뀔 수 있음을 보여준다.

⊙ 알라야식의 근본적인 변화의 원리가 의타기성으로 표현되고 있다.

— 의타기성이란 마음이 생겨나는 원리를 표현하는 연기, 마음의 본성을 표현하는 무자성과 공의 다른 표현

나는 물에 의지하여 꽃을 피웠어.

의타기성이란 연기, 무자성, 공의 다른 표현이지.

변계소집성, 윤회의 세계

'변계소집성(遍計所執性, parikalpita-svabhāva)'은 두루 변(遍), 헤아릴 계(計), 바 소 (所), 잡을 집(執), 성품 성(性) 자로 이루어진 말이다. 이것은 자신과 주위의 모든 사물에 대해 '두루 구별하고, 판단하고, 추론하여 집착된 자성'으로 해석된다. '관념에 의해 구축된 존재'를 의미한다. 즉 본래 없는 것에 대해 갖가지 추측을 통해 있다고 집착하는 상태를 말한다. 모든 존재는 실체가 없는 무아(無我)이며 공(空)한 존재인데, 우리는 우리 마음뿐만 아니라 주변의 모든 존재를 영원히 존재하는 실체로 생각하고 그것에 대해 집착하는 마음의 상태를 표현하고 있다. 잘 알려진 비유가, 새끼줄을 뱀으로 착각한 경우이다. 시골길을 걷다가 가끔 경험할 수 있는 상황이다. 실제로는 새끼줄인데 얼핏 보고 그것을 뱀이라고 생각하게 되어 놀라게 되는 경우, 그때의 마음 상태가 '변계소집성'의 상태라는 것이다. 허망한 세계이다.

'변계소집성'은 특히 언어작용을 통해 생겨나는 세계를 일컫는다. 유식학에서는 우리 마음의 작용이 모두 언어의 작용이라고 본다. 생각하고 말하고 행동하는 마음의 모든 작용은 모두 언어에 의한 것으로서, 언어로 판단한 내용에 대해 집착하고 그 내용을 영원한 것으로 여기는 마음의 상태가 '변계소집성'이라는 것이다. 유식학에서는 이러한 언어작용이 '알라야식'에 저장된 '종자'에서 생겨나는 것이라고 한다. 앞에서 말했듯이, 언어작용을 하는 '종자'는 특히 '명언훈습종자'로서 마음의 작용을 일으키는 원인이 된다. 이러한 마음의 작용으로 번뇌가 생겨나고 고통이 생겨나면서 윤회를 하게 되는데, 이 세계가 바로 '변계소집성'이 된다.

변계소집성(遍計所執性, parikalpita-svabhāva)'은 두루 변(遍), 헤아릴 계(計), 바 소(所), 잡을 집(執), 성품 성(性) 자로 이루어진 말

– 자신과 주위의 모든 사물에 대해 '두루 구별하고, 판단하고, 추론하며 집착된 자성'을 의미

– 모든 존재는 무아(無我)이며 공(空)한 존재인데, 영원히 존재하는 실체로 생각하고 그것에 대해 집착하는 마음의 상태를 표현
   ⊙ 예시) 새끼줄인데 얼핏 보고 그것을 뱀이라고 생각하게 되어 놀라게 되는 경우, 그때의 마음 상태가 '변계소집성'의 상태

– '변계소집성'은 언어작용을 통해 관념에 의해 구축된 세계
   ⊙ 유식학에서는 생각하고 말하고 행동하는 마음의 모든 작용은 모두 언어의 작용이라고 본다.
   ⊙ '변계소집성'은 언어로 판단한 내용에 대해 집착하고 그 내용을 영원한 것으로 여기는 마음의 상태

– '변계소집성'은 마음의 작용으로 번뇌가 생겨나고 고통이 생겨나는 윤회의 세계

뱀!!
이 아니네.

'원성실성', 깨달음의 세계

'원성실성(圓成實性, parinispanna-svabhāva)'은 원만 충만 편재하다는 둥글 원(圓), 성취하다는 의미의 이룰 성(成), 진실하다는 의미의 실(實), 성품 성(性) 자로 이루어진 말로, '완전하게 성취된 것을 본성으로 하는 것'이라는 뜻이다. '원성실성'이란 완성된 것이기 때문에 '진여'와 같은 뜻이다. 즉 분별함으로써 집착하는 의식의 작용이 지혜로운 마음의 상태가 된 것을 말한다.

밤에 시골길을 가다가 새끼줄을 뱀으로 착각하여 놀란 경우를 변계소집성이라고 한다면, 실제로 다가가 살펴보고 그것이 단지 짚으로 만들어진 새끼줄임을 알게 되는 것을 원성실성이라고 한다. 유식학에서는 집착하는 마음의 작용은 '명언훈습종자'가 나타나 형성된 것으로 본다. 분별하고 집착하는 마음을 수행을 통해 청정한 마음의 상태로 바꿀 수 있다고 본다. 마음에 나타난 현상이 연기에 의해 생겨난 것이며, 우리가 인식하는 대상이 영원하지 않은 것 즉 공(空)함을 여실히 알게 되는 상태에 이르게 될 때, 그 경지를 '원성실성'이라고 표현한다. 일상인들은 모든 존재하는 것이 연기적 존재임에도 불구하고, 자기가 원하는 대상이 영원히 존재한다고 착각한다고 본다. 유식학은 이것을 벗어난 상태를 '원성실성'으로 표현하고 있다.

'원성실성'은 불교가 추구하는 궁극의 경지이자 근본 목적이다. 곧 지혜로운 마음의 모습을 가리킨다.

'원성실성(圓成實性, parinispanna-svabhāva)'은 원만 충만 편재하다는 둥글 원(圓), 성취하다는 의미의 이룰 성(成), 진실하다는 의미의 실(實), 성품 성(性) 자로 이루어진 말

- 완전하게 성취된 것을 본성으로 하는 것.
- '원성실성'이란 완성된 것이기 때문에 '진여'와 같은 뜻
- 유식학에서는 수행을 통해 분별하고 집착하는 마음을 청정한 마음의 상태로 바꿀 수 있다고 본다.
- 마음에 나타난 현상이 연기에 의해 생겨난 것이며, 인식 대상이 공(空)함을 여실히 알게 되는 상태에 이르게 될 때, 그 경지를 원성실성으로 표현
- 불교가 추구하는 궁극의 경지. 지혜로운 마음의 모습

3무자성1 : 상무성

'3무자성'은 '3무성'이라고도 하며 '자성을 갖지 않는 세 가지'라는 의미로 '상무성(相無性)', '생무성(生無性)', '승의무성(勝義無性)'을 말한다. 마음에 생겨나는 모든 현상을 유(有)의 관점에서 변계소집성, 의타기성, 원성실성으로 나눈 것에 대해 '공(空)'의 관점에서 '삼무성'을 세운 것이다.

불교에서는 현상을 자성(自性)과 자상(自相)으로 표현한다. 한 사물을 관찰해 보면 그 사물에는 자체의 성질이 있고 또 자체의 모습이 있다. 사물의 바탕이 되는 성질을 자성이라 하고 형체로 드러난 모습을 자상이라고 한다. 모든 현상은 자성과 자상이 함께하고 있다고 본다. 이 자성과 자상이 실체로서 존재하는 것이 아니라 '공'한 것임을 표방한다. 특히 유식학에서도 이 관점에서 '3무자성'을 제시하고 있다.

이 가운데 '상무성'은 '변계소집성'에 대해서 말한 것이다. '상무성'이란 '변계소집성'에 의해 분별된 상에는 자성[고유한 존재 양식]이 없다는 의미이다. '상무성'은 마음에 생겨나는 번뇌와 망상의 모습을 잘 관찰하면, 그것이 허상이며 공하다는 진실을 알려준다. 예를 들면, 어두운 시골길을 걸어가다가 멀리 보이는 것이 산짐승일지도 모른다고 생각했는데 가까이 가보니 바람에 흔들리는 버드나무였다는 것을 확인한 경험이 있을 것이다. 여기서 산짐승은 분별에 의해 나의 마음에 나타난 상이 된다. 상무성은 그렇게 변계소집된 것에는 자성이 없다는 것을 말한다. 왜냐하면, 그 상은 허망하게 분별된[변계소집된 것]이기 때문이다.

3무자성은 '3무성'이라고도 하며 '자성을 갖지 않는 세 가지'를 말한다.
'상무성(相無性)', '생무성(生無性)', '승의무성(勝義無性)'

– 마음에 생겨나는 모든 현상을 유(有)의 관점에서 변계소집성, 의타기성,
원성실성으로 나눈 것에 대해, '공(空)'의 관점에서 '3무성'을 세운 것이다.

– 불교에서는 현상을 자성(自性)과 자상(自相)으로 표현
⊙ 사물의 바탕이 되는 성질을 자성이라 하고, 형체로 드러난 모습을 자상이라고 한다.
⊙ 모든 현상은 자성과 자상이 함께 하고 있다고 본다.
⊙ 이 자성과 자상이 실체로서 존재하는 것이 아니라 '공'한 것임을 표방

– '상무성' : '변계소집성'에 의해 분별된 상에는 자성(고유한 존재양식)이 없다는 의미

⊙ '상무성'은 마음에 생겨나는 번뇌와 망상의 모습을 잘 관찰하면, 그것이
허상이며 공하다는 진실을 알려준다.
⊙ 예시) 시골길을 걸어가다가 멀리 보이는 것이 산짐승일지도 모른다고 생각했는데,
가까이 가보니 바람에 흔들리는 버드나무였다는 것을 확인. 산짐승은 분별에 의해
나의 마음에 나타난 상.

상무성

승의무성

생무성

3무자성2 : 생무성, 승의무성

'생무성'이란 '의타기성'에 대해 말하는 것이다. '의타기성'이란 인연법으로 생겨난 삼라만상을 가리킨다. '생무성'은 생겨난 것에 자성이 없다는 것을 말한다. 즉 모든 존재는 아뜨만과 같은 실체가 있어서 자기의 힘 그 자체에 의해서 생긴 것(生)은 아니라, 다른 것과의 관계에 의해 생긴 것이다. '의타기성'은 자체에 의해서 생긴 것이 아니라는 점에서 '생무성'이라 한다. 예를 들면, 여러 가지를 생각하는데 '생무성'은 이러한 생각이 내 마음속에 아뜨만과 같은 실체가 있어서 그것으로부터 생겨난 것이 아니라, 여러 인연에 의해서 생겨난다고 표현한 것이라 할 수 있다.

　'승의무성'이란 '원성실성'에 대해 말하는 것이다. '승의무성'은 '상무성(상이 없다)', '생무성(생이 없다)'과는 달리 '승의(勝義)'가 그대로 '무자성(無自性)'인 점이라는 것에 주목할 필요가 있다. 즉 '원성실성'이란 최고의 진리인 '진여'이기 때문에 '승의'라고 한다. 그러나 동시에 그 '승의'는 '일체 제법의 무아성', '일체법의 무자성', '소취·능취의 무'이기 때문에 '무자성'이라고 한다. 유식사상에서 말하는 궁극적 진리(원성실성)의 긍정적인 측면과 부정적 측면이 이 '승의무성'이라는 한마디 말로 표현되고 있다고 할 수 있다. 즉 현실의 괴로움에 가득 찬 자신(부정적인 측면)을 부정하여 안락함으로 가득 찬 자기가 되는 것(긍정적인 측면)을 말한다. 이것은 인식론적으로 오류에 가득 찬 인식(전도된 견해)이 사물을 있는 그대로 보는 여실지견(如實知見)으로 변하는 것이다. 그리고 존재론적으로는 '알라야식'에 존재하는 번뇌를 완전히 없애서 청정한 마음으로 변하는 것을 말한다.

- 생무성(生無性): 생겨난 것에 자성이 없다는 것.

⊙ '의타기성'에 대해 말하는 것.

⊙ 모든 존재는 아뜨만과 같은 실체가 있어서 자기의 힘 그 자체에 의해서 생긴 것[生]이 아니라 다른 것과의 관계에 의해 생긴 것이다.

⊙ '의타기성'은 자체에 의해서 생긴 것이 아니라는 점에서 '생무성'이라 한다.

- 승의무성(勝義無性): '승의'가 그대로 '무자성(無自性)'이라는 의미.

⊙ '원성실성'이란, 최고의 진리인 '진여'이기 때문에 '승의(勝義)'라고 한다.

⊙ 유식사상에서 말하는 궁극적 진리[원성실성]의 긍정적인 측면과 부정적 측면이 이 '승의무성'이라는 한마디 말로 표현되고 있다고 볼 수 있다.

＊ 현실의 괴로움에 가득 찬 자신[부정적인 측면]을 부정하며, 안락함으로 가득 찬 자기가 되는 것[긍정적인 측면]을 말한다.

＊ 인식론적으로 오류에 가득 찬 인식[전도된 견해]이 사물을 있는 그대로 보는 여실지견(如實知見)으로 변하는 것

＊ 존재론적으로는 '알라야식'에 존재하는 번뇌를 완전히 없애서 청정한 마음으로 변하는 것.

3자성과 3무자성, 존재의 양면

붓다의 본지인 '무아(無我)'는 앞에서 언급했듯이 모든 것은 실체로서 존재하는 것이 아니라 연기적 존재임을 나타내는 개념이다. 용수(龍樹)는 '무아'를 '공(空)'으로 재해석하여 붓다의 본지를 계승한다. 용수에 따르면, '공' 또한 실체를 부정하는 개념으로서 '무아'와 '공'은 같은 의미를 다르게 표현한 것일 뿐이다. 붓다의 본지인 '무아'와 '공'은 유식학에도 이어진다. 그리고 유식학 특유의 개념으로 표현된다. '3자성'과 '3무자성'이 그것이다.

앞에서 살펴본 바와 같이, '3자성'은 존재 전체를 세 가지 자성으로 분류한 것이다. 마음에 의해 전개된 현상을 표현하고 있다. 유식학에서는 이 '3자성'을 항상 '3무자성(三無自性)'과 같이 언급한다. '3무자성'은 '자성을 갖지 않는 세 가지'라는 의미로 '상무성(相無性)', '생무성(生無性)', '승의무성(勝義無性)'을 말한다. '3무자성'은 '3자성'이 철저하게 무자성에 의거한다는 것을 나타낸다. 즉 '3자성'과 '3무자성'은 표리의 관계에 있다고 할 수 있다. 같은 현상에 대해 관점을 바꾸어 표현한 것에 지나지 않는다. 자성이 있다 해도 그것은 무(無)로 뒷받침된 유(有)를 의미하는 것을 강조하는 것이다. '3자성'과 '3무자성'은 유식 사상이 불교의 무아·무자성의 전통을 이어받고 있음을 보여 준다.

'3자성': 존재 전체를 세 가지 자성으로 분류한 것이다. 마음에 의해 전개된 현상을 표현. 변계소집성, 의타기성, 원성실성을 말한다.

'3무자성': '자성을 갖지 않는 세 가지'라는 의미로 '상무성(相無性)', '생무성(生無性)', '승의무성(勝義無性)'을 말한다. '3자성'이 철저하게 '무자성(無自性)'에 의거하는 것을 나타낸다.

'3자성'과 '3무자성': 표리의 관계에 있다고 할 수 있다.
　⊙ 같은 현상에 대해 관점을 바꾸어 표현한 것에 지나지 않는다.
　⊙ 자성이 있다 해도 그것은 무(無)로 뒷받침된 유(有)를 의미하는 것을 강조
　⊙ '3자성'과 '3무자성'은 유식사상이 불교의 무아·무자성의 전통을
이어받고 있음을 보여 준다.

3무성과 3무자성은 동전의 양면처럼 동일한 존재의 양면이며, 무엇이 앞이고 뒤인지는 보는 관점에 따라 달라질 뿐입니다.

3량, 인식의 세 가지 방식

유식사상은 우리가 인식하는 방법을 크게 3가지로 분류한다. 현량(現量. 지각), 비량(比量. 추리), 비량(非量. 착오적 지각과 추리)이 그것이다.

'현량(現量)'은 감각적 지각을 말한다. 분별하지 않고 그대로 비추어서 아는 것을 말한다. 언어에 의해 분별하기 이전의 직접적 지각이나 즉 직관을 의미한다. 예컨대 국화를 보는 순간 그것이 국화꽃이라고 판단하기 이전의, 혹은 자신이 그것을 바라보고 있다고 생각하기 이전의 경험이다. 마치 거울로 사물을 비추듯이 직접 체험하는 것을 말한다.

'비량(比量)'은 넓게는 언어에 의한 개념적 사고 일반을 말한다. 국화를 감각한 다음 언어에 의해 '이것은 흰 국화꽃'이라고 언어에 의해 개념적으로 사유하는 단계이다. 또한 '비량'은 보통 추량(推量)이라고도 번역된다. 이미 아는 사실을 토대로 아직 알지 못하는 것을 추리에 의해 인식하는 것이다. 예를 들면 연기가 나는 것을 보고 거기에 불이 있을 것이라고 생각하는 경우의 인식 방법을 말한다.

'비량(非量)'은 잘못 인지하는 인식을 말한다. 대상에 대해 그릇된 판단, 그릇된 추리에 의해 잘못된 인식을 하는 것이다. 토란을 감자라고 본다든가 탱자를 귤로 본다든가, 황색을 적색으로 보는 등의 착각을 말한다. 새끼줄을 보고 뱀으로 잘 못 판단하는 것도 '비량'이다.

유식사상은 인식의 방법을 3가지로 분류한다. 현량(現量, 지각), 비량(比量, 추리), 비량(非量, 착오적 지각과 추리)이 있다.

- ⊙ 현량(現量): 감각적 지각을 말한다. 국화를 보는 순간 그것이 국화꽃이라고 판단하기 이전의, 혹은 자신이 그것을 바라보고 있다고 생각하기 이전의 경험을 말한다.
- ⊙ 비량(比量): 보통 추량(推量)이라고도 번역. 국화를 감각한 다음 언어에 의해 '이것은 흰 국화꽃'이라고 인식하는 단계. 넓게는 언어에 의한 개념적 사고 일반을 말한다.
- ⊙ 비량(非量): 잘못 인지하는 인식을 말한다. 토란을 감자라고 본다든가 탱자를 귤로 본다든가, 황색을 적색으로 보는 등의 착각을 말한다.

세 가지 인식방법과 8가지 식의 관계

- ⊙ '현량'은 알라야식과 전5식과 의식의 일부[선정에 들었을 때의 의식의 작용
- ⊙ '비량(比量)'은 언어를 통해서 사고하는 인식작용을 말하는데, 이 작용은 제6식인 의식의 작용이라고 한다.
- ⊙ '비량(非量)'은 의식과 말나식이 주로 작용하는 방식

현량(現量)   비량(比量)   비량(非量)

3량과 8가지 식

앞에서 설명한 '3량'은 8가지 식에 의해 이루어진다. '3량'은 8가지 식과 어떤 관계를 가지는 지를 구체적으로 살펴보자.

'현량'은 분별하지 않고 현재 나타난 모습을 있는 그대로 지각하는 것을 말한다. '현량'은 8가지 식 가운데 전5식(前五識)과 제6의식, 알라야식의 작용에 의해 형성된다. 전5식인 시각·청각·후각·미각·촉각과 같은 감각에 의해 커피를 마실 때 느끼는 맛, 책상 위에 놓인 빨간 컵을 볼 때 빨간색이 모두 전5식에 의한 '현량'이다. 제6의식은 선정에 들었을 때 떠오른 대상을 직접 지각하는 작용을 한다고 한다. 심층에 존재하는 알라야식은 자기의 대상 즉 '종자'와 '육체〔유신근〕'와 '자연계'를 직접 파악한다고 한다.

'비량(比量)'은 언어를 통해서 사고하는 인식작용을 말하는데 이 작용은 제6식인 의식의 작용이라고 한다. 에펠탑이 찍힌 사진을 보았을 때 우리는 사진을 찍은 사람이 파리에 여행을 가서 찍은 것이라고 추론한다. 유식학에서는 이러한 작용이 제6식인 의식에 의해 생겨난다고 본다.

한편, 잘못된 인식인 '비량(非量)'은 제6의식과 제7말나식이 주로 작용하는 방식이라고 한다. 제6의식은 어두운 곳에 있는 나무를 보고 곰이라고 착각하기도 한다. 제7말나식 또한 대상을 자기중심적으로 인식하게 하는 작용을 하기 때문에 사실을 왜곡하는 작용을 한다. 이러한 작용이야말로 우리들의 정신활동에서 가장 주의해야만 하는 왜곡의 요인이다. '잘못된 비량(比量)'을 '비량(非量)'이라고 한다. 착각이다.

세 가지 인식 방법과 8가지 식의 관계

⊙ '현량'은 알라야식과 전5식(前五識)과 의식의 일부[선정에 들었을 때의
   의식의 작용

   ✳ 커피를 마실 때 느끼는 맛, 책상 위에 놓인 빨간 컵을 볼 때 빨간색이 모두
      전5식에 의한 '현량'
   ✳ 선정에 들었을 때 떠오른 대상을 직접 지각하는 제6의식의 작용
   ✳ '종자'와 '육체[유신근]'와 '자연계'를 직접 파악하는 알라야식의 작용

⊙ '비량(比量)'은 언어를 통해서 사고하는 인식 작용을 말하는데, 이 작용은
   제6식인 의식의 작용이라고 한다.
   ✳ 에펠탑이 찍힌 사진을 보았을 때, 사진을 찍은 사람이 파리에 여행을 가서
      찍은 것이라고 추론하는 제6의식의 작용

⊙ '비량(非量)'은 의식과 말나식이 주로 작용하는 방식
   ✳ 어두운 곳에 있는 나무를 보고 곰이라고 착각하는 제6의식의
      작용
   ✳ 대상을 자기중심적으로 인식하게 하며 사실을
      왜곡하는 제7말나식의 작용

마음의 인식구조

유식유가행파는 우리가 생각할 때 나타나는 마음의 모습을 구조적으로 분석하고 있다. 대표로 4가지가 있다. 1분설(一分說), 2분설(二分說), 3분설(三分說), 4분설(四分說)이 그것이다. 우선 사분설부터 소개한다.

마음을 네 부분으로 구분하고 있는 4분설(四分說)은 호법(護法)이 제시한 설이다. 호법은 '보는' 인식 주관을 '견분(見分)'으로, '보이는' 인식대상을 '상분(相分)'으로, 다시 그 배후에 또 다른 마음의 작용을 설정하여 '자증분(自證分)'으로, 마지막으로 '자증분'을 확증하는 '증자증분(證自證分)'으로 구분하고 있다. 1분설은 안혜(安慧)가 제시한 것이다. 그는 우리가 생각할 때 '인식대상'으로 나타나는 것은 허망하게 분별한 것이라고 하여 그 존재성을 인정하지 않았다. 오직 식 자체〔자증분〕만을 인정했다. 이분설은 난타(難陀)가 제시했다. 그는 견분과 상분인 2분(二分)을 제시했다. 견분과 상분 가운데 하나가 빠지게 되면 인식은 성립하지 않는다고 보았다. 그는 인식이 이루어질 때 언제나 견분과 상분을 바탕으로 작용이 생겨난다고 주장했다.

3분설은 진나(陳那)가 제시한 것이다. 그는 견분, 상분, 자증분인 3분(三分)을 주장했다. 그는 인식이 형성되기 위한 두 계기인 견분과 상분이 서로 관계를 맺기 위해서는 근거가 되는 식 자체가 있어야 인식의 작용이 가능해진다고 보았다. 곧 자체분인 자증분이 견분과 상분으로 나누어 인식이 생겨나며, 세 가지가 별개의 것이 아니기 때문에 인식 작용으로 통합될 수 있다는 입장을 보였다.

유식유가행파는 우리가 생각할 때 나타나는 마음의 모습을 구조적으로 분석

- 1분설(一分說), 2분설(二分說), 3분설(三分說), 4분설(四分說)이 있다.
  - ⊙ 안혜(安慧)는 자증분(自證分)만 의타기성으로서 실재한다는 1분(一分)을 주장
  - ⊙ 난타(難陀)는 견분과 상분인 2분(二分)을 주장
  - ⊙ 진나(陳那)는 견분, 상분, 자증분인 3분(三分)을 주장
  - ⊙ 호법(護法)은 견분, 상분, 자증분, 증자증분인 4분(四分)을 주장

4분설, 마음의 네 부분

'4분설'은 호법(護法)이 제시한 것으로서 마음의 네 부분 곧 상분, 견분, 자증분, 증자증분에 의해 하나의 인식작용이 완성된다고 본다. '상분'은 마음에 나타난 인식대상, 즉 사물의 모양을 띤 심적 부분이다. '견분'은 '상분'을 파악하고 인식하는 주관이다. 즉 보는 작용을 하는 심적 부분이다. '자증분'은 '상분'과 '견분'으로 나누어지기 이전의 마음을 말한다. 마음 그 자체인 '자증분'이 '보는 견분'과 '보이는 상분'으로 나누어져서 여러 가지 인식작용이 성립한다고 본다. '자증분'은 정식으로는 증자분[자기를 증명하는 분]이라고 해야 하며, 자(自) 즉 견분의 작용을 확증·확인하는 작용이다.

　예컨대 옷의 길이를 자로 재려면 옷과 자 외에 그 길이를 파악하는 지적 작용이 있어야만 비로소 옷의 길이를 안다고 하는 인식 작용이 완성된다. 이때 옷이 '상분', 자가 '견분', 읽어내는 지적 작용이 '자증분'에 각각 상응한다. 이 비유가 보여 주고자 하는 바는, 어떤 인식 작용이 성립하기 위해서는 우리가 보통 인식하는 주체를 다시 확실히 증명하는 심적 작용이 필요하다는 것이다. 이 측면에서 주관의 작용을 증명하는 작용으로서 '자증분'을 설정한다. '4분설'에서는 '자증분'의 깊은 곳에 이 '자증분'을 증명하는 또 하나의 작용이 존재한다고 보고, 그것을 '증자증분'이라고 부른다. 이 맥락에 따르면, 이 '증자증분'을 다시 확인하는 작용, 확인한 '증자증분'을 다시 확인하는 작용 등 확증작용이 불가피하게 무한히 반복된다. 호법은 무한소급이라는 이 모순을 극복하기 위해서 '증자증분'을 확인하는 것은 앞의 '자증분'이라고 보았다.

'4분설'은 호법(護法)의 설이다. 마음의 네 부분 곧 상분, 견분, 자증분, 증자증분에 의해 하나의 인식 작용이 완성된다고 본다.

─ '상분(相分)', '견분(見分)', '자증분(自證分)', '증자증분(證自證分)'"
⊙ 상분: 마음에 나타난 인식 대상을 말한다. 사물의 모양을 띤 심적 부분
⊙ 견분: '상분'을 파악하고 인식하는 주관
⊙ 자증분: '상분'과 '견분'으로 나누어지기 이전의 마음
　　　　견분의 작용을 확증·확인하는 작용
⊙ 증자증분: '자증분'의 깊은 곳에 이 '자증분'의 작용을 증명하는 또 하나의
　　　　작용. 이 '증자증분'을 확인하는 것은 앞의 '자증분'

'4연', 존재의 네 가지 원리1 : 인연, 등무간연

'4연'은 인간을 비롯한 모든 것이 다른 것에 의존해서 존재한다는 원리를 마음의 작용의 측면에서 구분한 것이다. 이것은 '인연(因緣)', '등무간연(等無間緣)', '소연연(所緣緣)', '증상연(增上緣)'을 말한다. 특히 『성유식론』에서는 유식학의 입장에서 여러 조건인 '4연(四緣)'에 대해 설명하고 있다.

'인연'은 가장 필수적이고 일차적인 원인을 말한다. 예를 들면, 봉숭아꽃은 봉숭아꽃의 씨앗에서 피어난 것이다. 즉 봉숭아꽃의 '인연'은 봉숭아꽃의 씨앗이다. 또 다른 예로 인터넷, 4차 산업혁명 시대에 살고 있는 우리는 스마트폰을 이용해서 메일을 주고받고 물건을 구입하며 전 세계에서 일어나는 사건을 빠르게 알게 되었다. 이것은 인터넷에 접속하면서 가능해졌다. 접속은 우리 자신의 욕망에서 시작된다. 욕망이 '인연'으로 작용하여 가상공간 속에서 타인과 소통하게 된다고 할 수 있다.

'등무간연'은 '동등하게〔等〕 간격 없이〔無間〕 의지가 된다.'는 의미이다. 앞선 마음의 작용이 다음 순간에 일어나는 마음작용의 원인이 되는 것을 가리킨다. 직전 찰나에 일어난 마음의 작용과 현 찰나에 일어나는 마음작용이 시간상으로 붙어 있어서 간격이 없고 그 질이 거의 같은 작용이 일어나기 때문에 붙여진 이름이다. 인터넷에 접속하고자 하는 마음, 이어서 화면상에 나타난 물건을 클릭해서 가격을 알아보고 구입하려는 마음은 순간순간 계속 이어져서 결국은 구매를 결정하게 된다. 이 현상은 우리의 마음이 '등무간연'의 원리에 따라 끊임없이 작용하면서 생겨나는 것이라고 해석해 볼 수 있다.

'인연(因緣)', '등무간연(等無間緣)', '소연연(所緣緣)', '증상연(增上緣)'

◉ 인연: 가장 필수적이고 일차적인 원인을 말한다.

예) 봉숭아꽃의 '인연'은 봉숭아꽃의 씨앗이지 나팔꽃의 씨앗이 아니다.

◉ 등무간연: '동등하게[等] 간격 없이[無間] 의지가 된다.'라는 의미이다. 앞선
마음의 작용이 다음 순간에 일어나는 마음작용의 원인이 되는 것을 가리킨다.

◉ 소연연: 마음의 작용이 생기게 하는 모든 인식의 대상을 가리킨다.

◉ 증상연: 앞에서 말한 인연·등무간연·소연연 이외의 모든 간접적 원인을 가리킨다.

＊유력의 '증상연': 마음의 작용이 생기는 데 뚜렷하게 힘이 되어주는 증상연

＊무력의 '증상연': 작용하는 데 방해가 되지 않는 증상연

인간을 비롯한
세상의 모든 것이
존재하는 원리는
4연(四緣)에 있다.

'4연', 존재의 네 가지 원리2 : '소연연', '증상연'

'소연연'은 마음의 작용이 생기게 하는 모든 인식의 대상을 가리킨다. 마음의 활동이 일어나기 위해서는 색, 형태, 소리, 냄새 등과 같은 감각대상이나 관념, 개념과 같은 사유 대상이 있어야 한다. 인식 주관의 대상을 말한다. 예를 들면 인터넷에서 사진을 보았을 때 사진은 인식의 대상이다. 인식 주관은 그 사진을 클릭해서 좀 더 자세하게 사진과 관련된 정보를 알고 싶어 한다. 이때 그 사진은 인식대상인 '소연연'이 된다. 사진이 마음의 작용을 일으켰기 때문이다.

'증상연'은 앞에서 말한 인연·등무간연·소연연 이외의 모든 간접적 원인을 가리킨다. '증상연'은 마음의 작용이 생기는 데 뚜렷하게 힘이 되어주는 유력의 '증상연'과 작용하는 데 방해가 되지 않는 무력의 '증상연'으로 구분된다. 가령 사진을 볼 때 눈의 기능이 건강하고 마음도 정상적으로 작용하고 있으며, 시각 대상인 사진이 눈앞에 있다 하더라도 어두우면 시각이 생겨날 수 없다. 이때 밝은 빛은 시각이 생기기 위한 보조적인 원인으로 유력의 '증상연'이 된다. 한편 우리가 방 안에서 책을 볼 때, 천정은 시각 작용에 아무런 힘이 되어 주지 않는다. 하지만 천정이 무너지지 않고 버티고 있기 때문에 우리는 방안에서 책을 읽을 수 있는 것이다. 이 천정은 시각작용에 방해가 되지 않는 무력의 '증상연'이 된다. 이상은 마음의 작용이 생겨나고 사라지는 과정을 설명하는 원리이다.

- 소연연: 마음의 작용이 생기게 하는 모든 인식의 대상을 가리킨다.
   ◉ 예시) 인터넷에서 사진을 보았을 때 사진은 인식의 대상인 '소연연'이 된다.
사진이 마음의 작용을 일으켰기 때문이다.

- 증상연: 앞에서 말한 인연·등무간연·소연연 이외의 모든 간접적 원인을 가리킨다.
   ◉ 유력의 '증상연' : 마음의 작용이 생기는 데 뚜렷하게 힘이 되어주는 증상연
   ✳ 예시) 사진을 볼 때, 밝은 빛은 시각이 생기기 위한 보조적인 원인으로 유력의
          '증상연'이 된다.
   ◉ 무력의 '증상연' : 작용하는 데 방해가 되지 않는 증상연
   ✳ 예시) 우리가 방 안에서 책을 볼 때, 천정이 무너지지 않고 버티고 있기 때문에
          우리는 방안에서 책을 읽을 수 있는 것. 천정은 시각 작용에 방해가
          되지 않는 무력의 '증상연'

5사, 존재에 대한 5가지 분류법

유식유가행파는 '유식'의 입장에서 존재에 대해 다섯 가지 분류법을 제시하기도 했다. 이것은 '5사(五事)'라고 일컬어졌다. 5사란 명(名)·상(相)·분별(分別)·정지(正智)·진여(眞如)이다. 이 분류는 인식론적 관점에서 이루어지고 있다. 이 5사설은 『유가사지론』, 『현양성교론』, 『변증변론』, 『입능가경』, 『성유식론』 등에 나타난다.

우선 '명(名, nāma)'은 사물을 지시하는 말이다. '상(相, nimitta)'은 언어[명]에 의해 지시되는 사물의 모습이다. '상'은 인식대상의 형상, 모양, 성질을 나타내기도 하지만, 언어 활동이 생기는 원인이 된다. 유식유가행파는 우리가 언어로 표현할 때에는 그 대상인 우리 마음에 나타난 현상이 존재하기 때문에 가능하다고 보았다. 따라서 '상'은 인식대상의 형상, 모양, 성질을 나타내는 산스끄리뜨 락샤나(lakṣaṇa)와 같지만, 동시에 언어 활동을 일으키는 '원인'이라는 의미가 있기 때문에 이 두 가지를 모두 뜻하는 니밋따(nimitta)를 '상'의 원어로 사용하고 있다.

'분별(分別, vikalpa)'은 감각, 사고, 지각, 정서 등 다양한 마음의 작용 전체를 가리킨다. 즉 개념적 작용을 비롯해서 구체적인 언어활동을 동반하지 않는 모든 심리작용을 말한다.

'정지(正智, samyag-jñāna)'는 진리를 통찰하는 바른 지혜이다.

'진여(眞如, tathatā)'는 존재가 왜곡되지 않고 본래 진실의 상태 그대로 있는 것을 말하고 궁극적 진리를 가리킨다. '정지'의 대상이 된다.

유식의 관점에서 본 존재에 대한 다섯 가지 분류법

5사설은 『유가사지론』, 『현양성교론』, 『변중변론』, 『입능가경』, 『성유식론』
등에 나타난다.

5사란 명(名)·상(相)·분별(分別)·정지(正智)·진여(眞如)이다.

- ⊙ 명(名, namā): 사물을 지시하는 명칭이다.

- ⊙ 상(相, nimitta): 언어[명]에 의해 지시되는 사물의 모습이다.

- ⊙ 분별(分別, vikalpa): 마음의 작용 전체를 가리킨다. 즉 개념적 작용을
  비롯한 언어를 동반하지 않는 모든 작용을 말한다.

- ⊙ 정지(正智, samyag-jñana): 진리를 통찰하는 바른 지혜이다.

- ⊙ 진여(眞如, tathatā): 존재가 왜곡되지 않고 본래 진실의 상태 그대로
  있는 것을 말하고 궁극적 진리를 가리킨다. '정지'의 대상이 된다.

'정지'와 '진여'로 이루어진 세계는 불교가 목표로 하는 초일상적 인식의 세계

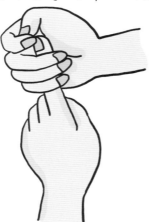

인식 현상에 대한 해석 : 무상유식

유식사상은 세친(世親, 316~396?)에 의해 체계적으로 완성된다. 세친의 『유식삼십송』은 유식의 기본 사상을 게송으로 표현한 것이다. 하지만 이에 대한 세친의 해설서는 존재하지 않는다. 세친 이후 그의 유식사상을 계승 발전시킨 10대 논사들이 『유식삼십송』을 해석, 이 과정에서 서로 입장 차이가 생겨나게 되었다. 이로 인해 인도의 유식학파는 '무상유식(無相唯識)'과 '유상유식(有相唯識)'이라는 두 가지 흐름으로 나누어지게 되었다.

'무상유식'이란 마음에 펼쳐진 현상을 허위라고 보는 견해이다. 즉 현상은 집착으로 나타난 '변계소집성'일 뿐이라고 보고, 인간의 인식이 허망함을 부각한다. 무상유식학파는 식(識)은 분별하는 것[能取]이며, 경(境)은 그 식에 의해 분별된 것[所取]이므로 경[대상]은 식 없이 존재하는 독립적 실체가 아니라고 본다. 그럼에도 불구하고 마치 존재하는 것처럼 시설된 것이기에 가(假)라고 한다. 예를 들자면, 흘러가는 시냇물에 물감을 떨어뜨리면 물감은 물과 함께 흘러가 버리는데, 사람들은 마치 그 후에도 그 자리에 물감 자국이 있는 것처럼 착각해서 인식한다는 것이다.

또 다른 예로서, 똑같은 그림을 같이 감상하고 나서 어떤 사람은 그림이 좋은 작품이라고 하고 어떤 사람은 그다지 좋은 작품은 아니라고 하는 경우가 있다. 여기서 인간의 인식이 헛된 것임을 알 수 있다. 무상유식은 우리가 어떤 사물을 평가할 때 주관적으로 평가하기 때문에 허망하다는 것을 인정하지 않을 수 없다는 것을 보여 준다. 이것이 안혜(安慧, 510년경~570년경)가 주장한 '무상유식'의 기본적인 입장이다.

- 유식사상은 세친(世親, 316~396?)에 의해 체계적으로 완성
- 세친이후 그의 유식사상을 계승 발전시킨 10대 논사들이 『유식삼십송』을 해석

- 이 과정에서 서로간의 입장 차이가 생겨나게 되었다.
- 이로 인해 세친 이후, 인도 유식학은 크게 '무상유식(無相唯識)'과 '유상유식(有相唯識)'이라는 두 가지 흐름으로 나누어지게 되었다.

- '무상유식': 마음에 펼쳐진 현상을 허위라고 보는 견해
  ◉ 현상은 집착으로 나타난 '변계소집성'일 뿐이라고 보고, 인간의 인식이 허망함을 부각한다.
  ◉ 우리가 어떤 사물을 평가할 때, 주관적으로 평가하기 때문에 허망하다는 것을 인정하지 않을 수 없다는 것을 보여준다.
  ◉ 안혜(安慧, 510년경~570년경)의 주장

무상유식(無相唯識)　　　　유상유식(有相唯識)

세친

인식 현상에 대한 해석: 유상유식

'유상유식'은 '무상유식'과는 반대의 견해를 취한다. '유상유식'은 인식할 때 마음에 나타나는 형상이 일방적으로 부정되어야 할 것이 아니라고 본다. 이 입장은 진나(陳那, 400~480)에서 무성(無性, 450~530), 호법(護法, 530~561)으로 전해 졌다. 호법은 인식의 성립을 대상과 주관의 관계로 설명하였다. 이 과정에 서 식[마음]에 나타나는 대상을 의타기성[서로 의지하여 형성되는 것]이라고 하고 외 계 대상의 실재를 부정함으로써 유식 본래의 입장에서 마음에 나타난 형상 을 설명하고자 하였다.

그런데 '유상유식' 또한 인간의 인식이 허망하다는 것을 인정하는 입장에 있다. 하지만 대상을 인식하는 주관이 허망하다고 해도 이것을 벗어나서는 대상을 인식할 수 없다. 따라서 우리는 우리 자신에 근거해서 대상이 생겨 났음을 인정하지 않으면 안 된다는 것이 '유상유식'의 입장이다. 즉 마음 으로 펼쳐진 세상은 연기의 원리에 의해 나타난 '의타기성'으로서 존재한 다는 입장에 있다. 마음 자체는 대상의 모습을 지니고 있기 때문에 우리가 무엇을 인식하기도 하고, 후에 이를 상기해서 추측하는 등의 기억 활동이 가능하다는 것이다.

이와 같은 관점은 두 학파[무상유식학파와 유상유식학파]가 공통으로 의타기성의 원리에 따라 대상이 생겨난다고 여기면서도 마음의 작용으로 생겨나는 현 상에 관해서는 서로 다른 해석을 하고 있음을 보여준다. 그 결과로 대상[형 상]이 변계소집성인가 아니면 의타기성인가 하는 의견의 차이가 이들 사이 에서 생겼다고 볼 수 있다.

- '유상유식': 인식할 때 마음에 나타나는 형상이 일방적으로 부정되어야 할 것이 아니라고 본다.
  - ⊙ '유상유식' 또한 인간의 인식이 허망하다는 것을 인정
  - ⊙ 그러나 다소간 주관적인 색채가 있다고 하더라도, 우리는 우리 자신에 근거해서 대상이 생겨났음을 인정하지 않으면 안 된다는 입장
  - ⊙ 마음으로 펼쳐진 세상은 연기의 원리에 의해 나타난 '의타기성'으로서 있다는 견해
  - ⊙ 이 입장은 진나(陳那, 400~480)에서 무성(無性, 450~530), 호법(護法, 530~561)으로 전해졌다.

- 무상유식학파와 유상유식학파
  - ⊙ 두 학파 모두 의타기성의 원리에 따라 대상이 생겨난다고 본다.
  - ⊙ 하지만 마음의 작용으로 생겨나는 현상에 관해서는 서로 다른 해석을 하고 있다.
  - ⊙ 그 결과로 대상[형상]이 변계소집성인가 아니면 의타기성인가 하는 의견의 차이가 이들 사이에서 생겼다고 볼 수 있다.

인간의 인식은 허망하다.

우리 자신에 근거해 대상을 인식했으므로 주관적 인식을 일부 허용하자는 입장

공통점   차이점

〈유상유식의 입장에서 보는 무상유식과의 공통점과 차이점〉

제 3장
마음과 마음의 작용

붓다의 가르침과 마음의 분류

붓다의 가르침은 수행을 통해 괴로움으로부터 벗어나 열반에 이르는 것에 있다. 그 가르침에는 심신에 대해 다양하게 관찰하는 방법이 있다. 이 가운데 4념처(四念處)는 여섯 가지 감각기관이 대상과 접촉함으로써 마음의 작용이 형성되는 과정을 상세하게 관찰한다. '4념처'는 몸[身], 느낌[受], 마음[心], 법(法)이라는 네 가지 영역에서 대상을 반복해서 주시함으로써 해탈의 지혜를 낳는 알아차림과 깊은 주의를 확립하는 수행이다. 초기불교 경전에는 이러한 실천을 통해 경험하는 마음의 상태가 종종 나타나지만 심(心)과 심소(心所)라는 체계로 정리되지는 않았다.

붓다의 사후, 부파불교의 시대에 이르면서, 불교 경전에 대한 주석이 이루어지고 많은 논사들이 자신이 속한 학파의 이론을 주장하며 논쟁하는 분위기가 고조되었다. 이 과정에서 마음의 다양한 상태를 분석하고 해석한 새로운 존재분류법이 확립되었다. 가장 대표적인 것이 설일체유부(說一切有部)의 '5위(五位) 75법(七十五法)'이다. 이것은 모든 존재를 다섯 가지 그룹의 75가지 법(法)으로 나눈 것을 말한다.

'5위'란 색법(色法, 물질적인 것), 심법(心法, 심리 작용의 주체), 심소법(心所法, 심에 부수하는 여러 가지 심리작용), 불상응행법(不相應行法, 물질도 정신도 아닌 존재), 무위법(無爲法, 생멸하는 현상이 아닌 것)을 말한다. 그리고 색법을 11가지, 심법을 1가지, 심소법을 46가지, 불상응행법을 14가지, 무위법을 3가지로 분류하였다. 이 가운데 무위법을 제외한 나머지 색법, 심법, 심소법, 불상응행법은 유위법이다. 설일체유부에서 법은 더 이상 나눌 수 없는 실체로서 과거·현재·미래에 걸쳐 항상 존재한다.

붓다의 사후, 부파불교의 시대에 이르면서, 마음을 분석하고 해석한 새로운 존재 분류법이 확립되었다.

가장 대표적인 것이 설일체유부(說一切有部)의 '5위(五位) 75법(七十五法)'이다. 이것은 모든 존재를 다섯 가지 그룹의 75가지 법(法)으로 나눈 것을 말한다.

유식유가행파 또한 설일체유부의 '5위'를 모두 도입했지만, 모든 존재를 식[심.심소] 안에 포함해 분류했다는 점에서 차이를 보인다.

유식사상은 '심.심소'라는 마음속에 '무위', '불상응행', '색'을 모두 포함시킨다.

유식사상의 진리관은 궁극적 진리[무위]를 마음의 진실한 존재라고 생각한 점에서 매우 독특하다 할 수 있다.

궁극적 진리(무위)는 마음의 진실한 존재

딸깍!

유식학의 마음에 대한 체계적 분석

유식유가행파 또한 설일체유부의 '5위'를 모두 도입했지만, 모든 존재를 식〔심·심소〕의 안에 포함시켜 분류했다는 점에서 차이를 보인다. 또한 물질〔색〕이 외계에 실재한다고 보는 설일체유부의 관점을 부정했다. 그리고 설일체유부가 실체적 존재라고 본 '불상응행'을 마음작용을 통해 임시로 설정한 제2차적 존재 즉 개념에 지나지 않는 것으로 보았다. 나아가 '모든 존재는 마음과 분리되어 존재하지 않는다〔一切不離識〕'라는 근본적 입장에서 '무위'도 본질적으로는 마음〔識〕의 영역에 포함된다고 보았다. 이처럼 유식사상은 '심·심소'라는 마음속에 '무위', '불상응행', '색'을 모두 포함시키고 있다. 유식사상의 진리관은 궁극적 진리〔無爲〕를 마음의 진실한 존재라고 생각한 점에서 매우 독특하다 할 수 있다.

유식 계통의 중국 불교 종파인 법상종에서는 세친의 『대승백법명문론(大乘百法明門論)』에 근거하여 '5위100법(五位百法)'을 확립한다. 이것은 일체를 크게 다섯 그룹의 100가지 법으로 나눈 것을 말한다. '5위'는 심법(心法)·심소법(心所法)·색법(色法)·심불상응행법(心不相應行法)·무위법(無爲法)이다. 소분류인 100법(百法: 100가지 법)은 심법(心法)에 8개의 법, 심소법(心所法)에 51개의 법, 색법(色法)에 11개의 법, 심불상응행법(心不相應行法)에 24개의 법, 무위법(無爲法)에 6개의 법으로 구성되어 있다. '5위100법'을 세운 법상종에서는, 비록 일체의 법을 다섯 종류의 총 100개의 법으로 나누지만, 이들 100개의 법은 '모두 실체가 없는 것'으로 단지 '가상으로 또는 임시로 세운 것〔假立〕'이라고 한다.

― 유식유가행파 또한 설일체유부의 '5위'를 모두 도입했지만, 모든 존재를 식[심·심소] 안에 포함해 분류했다는 점에서 차이를 보인다.

― 또한 물질[색]이 외계에 실재한다고 보는 설일체유부의 관점을 부정했다.

― 유식사상은 '심·심소'라는 마음속에 '무위', '불상응행', '색'을 모두 포함시킨다.
  ⊙ '모든 존재는 마음과 분리되어 존재하지 않는다[一切不離識]'라는 근본적 입장에서 '무위'도 본질적으로는 마음[식]의 영역에 포함된다고 보았다.

― 유식사상의 진리관은 궁극적 진리[무위]를 마음의 진실한 존재라고 생각한 점에서 매우 독특하다 할 수 있다.

(말풍선: 무위 / 불상응행 / 색)

― 유식 계통의 중국불교 종파인 법상종에서는 세친의 『대승백법명문론(大乘百法明門論)』에 근거하여 '5위100법(五位百法)'을 확립한다.
  ⊙ 일체를 크게 다섯 그룹의 100가지 법으로 나눈 것
  ⊙ '5위'는 심법(心法)·심소법(心所法)·색법(色法)·심불상응행법(心不相應行法)·무위법(無爲法)
  ⊙ 소분류인 100법(百法: 100가지 법)은 심법(心法)에 8개의 법, 심소법(心所法)에 51개의 법, 색법(色法)에 11개의 법, 심불상응행법(心不相應行法)에 24개의 법, 무위법(無爲法)에 6개의 법으로 구성

― 100개의 법은 '모두 실체가 없는 것'으로, 단지 '가상으로 또는 임시로 세운 것[假立]'

심과 심소, 왕과 신하

유식유가행파는 마음을 '심(心)'과 '심소(心所)'로 나눈다. '심'은 마음의 주체적인 측면을 말한다. 구체적으로, 앞에서 살펴본 안식·이식·비식·설식·신식·의식·말나식·알라야식을 말한다. 반면 '심소'는 '심'에 의지해서 생겨나는 '마음의 작용'이다. '마음에 소유된 것', 즉 '심소유법(心所有法)'이라 불린다.

『성유식론』에서는 '심'과 '심소'의 관계를 다음과 같이 설명하고 있다. 곧 "'마음작용(心所)'이란 '마음(心)'을 의지해서 일어나고, 마음과 상응하며, 마음에 매여 있는(繫屬) 모든 법(法)을 통칭하는 것"이라고 한다. 여기서 '심소'가 항상 '심'에 의지해서 작용을 일으키는 관계는 왕(심왕)과 왕의 명령에 따라 움직이는 신하(심소)로 비유될 수 있다. 왕이 나라를 다스릴 때 주위에 다양한 신하들이 함께하듯이, 주된 '심'의 작용이 일어날 때, 그에 맞추어 다양한 '부수적인 마음작용'인 '심소'의 작용이 일어난다는 것이다. '심소'란 '심왕'에 소속된 여러 심리작용이다.

또한 '심소'는 항상 '심왕'과 상응하여 활동을 한다고 본다. '심왕'과 '심소'는 상응하여 함께 작용(俱起)하면서도 '심왕'은 대상의 전체적인 모습(總相)만 취하고, '심소'가 그것에 대해서 역시 구체적인 모습(別相)도 취함으로써 전체적인 인식작용이 가능해진다고 한다. 비유하면 스승 화가와 그 제자가 그림을 그릴 때, 스승은 전체적인 윤곽을 그리고 제자는 채색하는 것과 같다. '심소'는 초기불교 이래 부파불교를 거쳐서 분류되었으며, 대승불교 유식학에 이르러서 더욱 세밀하게 51개로 제시되었다.

- 유식유가행파는 마음을 '심(心)'과 '심소(心所)'로 나눈다.
  ⊙ '심' : 마음의 주체적인 측면. '심왕(心王)'
    ✳ 안식·이식·비식·설식·신식·의식·말나식·알라야식을 말한다.
  ⊙ '심소' : '심'에 의지해서 생겨나는 '마음의 작용'으로 표현되기도 함.
    ✳ '마음에 소유된 것', 즉 '심소유법(心所有法)'이라 불린다.

- 『성유식론』 : " '마음작용[心所]'이란 '마음[心]'을 의지해서 일어나고, 마음과
상응하며, 마음에 매여 있는[繫屬] 모든 법(法)을 통칭하는 것"
⊙ 왕이 나라를 다스릴 때 주위에 다양한 신하들이 함께하듯이, 주된 '심'의
작용이 일어날 때, 그에 맞추어 다양한 '부수적인 마음작용'인 '심소'의
작용이 일어난다는 것
⊙ '심소'는 항상 '심왕'과 상응하여 활동을 한다.

- '심소'는 초기불교 이래 부파불교를 거쳐서 분류되었으며, 대승불교 유식학에
이르러서 더욱 세밀하게 51개로 제시

심소

심=심왕

심소법의 분류

『성유식론』의 기반이 된 『유식삼십송』에서는 '심소'를 크게 여섯 가지로 구분한다. 그리고 구체적으로 51개로 분류한다. 여섯 가지는 '변행(遍行)', '별경(別境)', '선(善)', '번뇌(煩惱)', '수번뇌(隨煩惱)', '부정(不定)' 등을 말한다.

'변행'의 심소는 8가지 마음〔전5식, 의식, 말나식, 알라야식〕모두와 상응하는 '심소'이며, '별경'의 심소는 각각 별도의 대상을 가진 '심소'이다. '선'의 심소는 선한 마음의 '심소'이며, '번뇌'〔근본번뇌〕의 심소는 인간의 마음을 괴롭히는 '심소'이다. 그리고 '수번뇌'〔부차적 번뇌〕는 번뇌로부터 파생한 '심소'이다. '부정'의 '심소'는 선한 마음에도 나쁜 마음〔번뇌〕에도 선도 나쁜 마음도 아닌 무기에도 작용하는 '심소'를 말한다. 이 여섯 가지는 각각 다음과 같이 구체적으로 분류된다.

'변행'의 심소는 5개로서 촉·작의·수·상·사이다.

'별경'의 심소는 5개로서 욕·승해·염·정·혜이다.

'선'의 심소는 11개로서 신·참·괴·무탐·무진·무치·근·안〔경안〕·불방일·행사·불해이다.

'번뇌'의 심소는 6개로서 탐·진·치·만·의·부정견이다.

'수번뇌'는 모두 20개로서 '소수번뇌', '중수번뇌', '대수번뇌'로 나뉜다. '소수번뇌'는 10개로서 분·한·부·뇌·질·간·광·첨·해·교이며, '중수번뇌'는 2개로서 무참과 무괴이다. '대수번뇌'는 8개로서 도거(掉擧)·혼침(惛沉)·불신(不信)·해태(懈怠)·방일(放逸)·실념(失念)·산란(散亂)·부정지(不正知)이다. '부정'의 심소는 4개로서 회·면·심·사이다.

◉ 세친의 『유식삼십송』에서는 '심소'를 크게 여섯 가지로 그리고 구체적으로 51개로 분류한다.

◉ 여섯 가지는 '변행(遍行)', '별경(別境)', '선(善)', '번뇌(煩惱)', '수번뇌(隨煩惱)', '부정(不定)'

◉ '변행'의 심소는 8가지 식[전오식, 의식, 말나식, 알라야식] 모두와 상응하는 '심소'.

＊5개로서 촉·작의·수·상·사이다.

◉ '별경'의 심소는 각각 별도의 대상을 가진 '심소'이다.

＊5개로서 욕·승해·념·정·혜이다.

'심소'를 크게 6개로 나누고 상세히 나누면 51가지가 된다.

◉ '선'의 심소는 심소는 선한 마음의 심소

＊11개로서 신·참·괴·무탐·무진·무치·근·안[경안]·불방일·행사·불해

◉ '번뇌[근본번뇌]'의 심소는 인간의 마음을 괴롭히는 '심소'이다.

＊6개로서 탐·진·치·만·의·부정견이다.

◉ '수번뇌[부차적 번뇌]'는 번뇌로부터 파생한 '심소'이다.

＊20개이다. 이것은 '소수번뇌', '중수번뇌', '대수번뇌'로 나뉜다.

• '소수번뇌'는 10개로서 분·한·부·뇌·질·간·광·첨·해·교이다.

• '중수번뇌'는 2개로서 무참과 무괴이다.

• '대수번뇌'는 8개로서 도거·혼침·불신·해태·방일·실념·산란·부정지이다.

◉ '부정'의 '심소'는 선한 마음에도, 나쁜 마음[번뇌]에도, 선도 나쁜 마음도 아닌 무기에도, 작용하는 '심소'를 말한다.

＊4개로서 회·면·심·사이다.

변행심소, 두루 작용하는 마음

'변행심소(遍行心所, sarvatraga-caitasika)'의 '변행(遍行)'은 '두루 작용한다.'는 것을 의미한다. 따라서 '변행심소'는 '두루 작용하는 심소'를 말한다. 심왕[알라야식, 말나식, 의식, 전5식]이 일어날 때면 항상 함께 일어나는 마음작용을 의미한다.

보다 구체적으로 첫째, 심왕이 선(善)한 마음이건 악(惡)한 마음이건, 선하지도 악하지도 않은[無記] 마음이건 간에, 곧 일체의 성[一切性]에서, 둘째, 어디에서 일어나건 간에, 곧 일체의 지[一切地]에서, 셋째, 어떤 시간에 발생하든지, 곧 일체의 시[一切時]에서, 넷째, 마음이 일어날 때면 그 마음과 더불어 반드시 함께 일어나는[일체구(一切俱)] 마음작용(심소법)들을 뜻한다. 이 때문에 변행심소는 '4가지 일체[四一切]'를 갖추고 있다고 말한다.

요약하면 변행심소는 선악·장소·시간·종류[식의 종류]를 가리지 않고 어떤 마음[8가지 식, 곧 심왕]이 일어날 때면 그 마음과 더불어 언제나 함께 발견되는 마음작용[심소법]들을 뜻한다.

변행심소에는 촉(觸)·작의(作意)·수(受)·상(想)·사(思)가 있다. 유식학에서 변행심소는 앞에서 본 바와 같이 마음과는 떼려고 해도 뗄 수 없는 마음작용이라고 한다. 그리고 이 5가지를, 마음[8가지 식]의 기본적인 능력 또는 작용이라고 보았다. 『성유식론』에 의하면, 촉·작의·수·상·사를 이와 같이 변행심소로 규정하는 것은 성스러운 가르침[敎], 곧 고따마 붓다의 가르침과 이에 근거한 바른 논리[理]에 따른 것이라고 설한다.

－ '변행심소(遍行心所, sarvatraga-caitasika)'의 '변행(遍行)'은 '두루 작용한다.'는 것을 의미

⊙ '변행심소'는 '두루 작용하는 심소'를 말한다.

⊙ 심왕[알라야식, 말나식, 의식, 전오식]이 일어날 때면 항상 함께 일어나는 마음작용

－ '변행심소'는 선악·장소·시간·'식'의 종류를 가리지 않고 어떤 마음[8가지 식, 곧 심왕]이 일어날 때면 그 마음과 더불어 언제나 함께 발견되는 마음작용

－ 유식학에서 '변행심소'는 마음과는 떼려고 해도 뗄 수 없는 마음작용

－ 『성유식론』에 의하면, 촉·작의·수·상·사를 변행심소로 규정하는 것은 성스러운 가르침[敎], 곧 고타마 붓다의 가르침과 이에 근거한 바른 논리[理]에 따른 것이라고 설한다.

심왕

변행
심소

5가지 변행심소

5가지 변행심소에 대해 구체적으로 살펴보면 다음과 같다.

'촉(觸, sparśa)'은 감각기관[根], 대상[境], 지각하는 마음[識]의 세 가지 조건이 접촉하는 것을 말한다. 이 '촉'의 '심소'는 모든 인식작용이 생겨나는 근거가 된다.

'작의(作意, manaskāra)'는 특정한 곳[대상]을 향해 관심을 기울여 집중하는 마음의 작용이다. 예컨대, 우리가 책을 읽을 때 글자를 보고 있다고 해서 그 책의 내용을 이해하는 것이 아니다. 보면서 다른 생각을 할 수도 있다. 글을 읽으면서 마음을 그곳에 집중해야 이해할 수 있다. 이 작용이 '작의'이다.

'수(受, vedanā)'는 대상을 '받아들인다.'는 말이다. 외부로부터 대상을 받아들일 때, 자신의 주관적인 감정이나 감각으로 대상을 받아들이는데 이것은 '수'의 '심소'에 의해 생겨난다는 것이다. 세친은 이 '수'를 고[苦, 괴로움]·락[樂, 즐거움]·사[捨, 괴롭지도 않고 즐겁지도 않은 것]로 분류했다.

'상(想, saṃjñā)'은 대상을 언어로써 인식하는 마음의 작용이다. '상'이란 감각기관을 통해 '수'라는 심소에 의해 받아들여진 대상을 분석하고 개념화하는 작용을 말한다. 예컨대 사과가 있을 때 그것을 '사과구나.'라고 개념화하여 언어로 표현하는 작용이다.

'사(思, cetanā)'는 무엇인가를 하고자 하는 의지(意志)이다. 자기가 인식한 대상에 대해 행위를 일으키는 마음의 작용이다. 즉 의지가 있고 난 후에 행위[業]가 일어난다. 예컨대 착한 의지로 행하면 선업이 생기고 나쁜 의지로 행하면 악업이 생긴다.

― 촉·작의·수·상·사가 있다.

⊙ 촉(觸, sparśa): 감각기관[根], 대상[境], 지각하는 마음[識]의 세 가지 조건이 접촉하는 것을 말한다. 이 '촉'의 '심소'는 모든 인식작용이 생겨나는 근거

⊙ 작의(作意, manaskāra): 특정한 곳[대상]을 향해 관심을 기울여 집중하는 마음의 작용

⊙ 수(受, vedanā): 외부로부터 대상을 받아들일 때, 주관적인 감정이나 감각으로 대상을 받아들이는데 이것은 '수'의 '심소'에 의해 생겨난다는 것. '수'에는 고(苦, 괴로움)·락(樂, 즐거움)·불고불락(不苦不樂, 괴롭지도 않고 즐겁지도 않음)이 있다.

⊙ 상(想, samjñā): 대상을 언어로써 인식하는 마음의 작용

⊙ 사(思, cetanā): 무엇인가를 하고자 하는 의지(意志)

별경심소, 각각 다른 대상에 대해 활동하는 심소

'별경심소(別境心所, viniyata-caitasika)'는 각각 다른 대상에 대해 일어나는 '심소'를 말한다. 즉 '심왕'이 특정한 대상에 대해서 일어날 때, 그때만 '심왕'과 함께 생겨나는 마음작용[심소]을 말한다. 좋아하는 대상을 만나면 '욕의 심소', 결정을 필요로 하는 대상을 만나면 '승해의 심소', 경험했던 대상을 만나면 '염의 심소'가 일어나며, 관찰 또는 명상할 대상을 만나면 '정의 심소'와 '혜의 심소'가 일어나는 것과 같이 그 대상이 각각 다르다.

'별경심소'는 '4가지 일체[四一切]'에 비추어 볼 때 심왕이 선(善)한 마음이 건 악(惡)한 마음이건, 선하지도 악하지도 않은[無記] 마음이건 간에[일체성] 작용하며, 어디에서 일어나건 간에[일체지] 작용한다고 한다. 그런데 이처럼 일체성(一切性)과 일체지(一切地)를 충족하지만, 일체시(一切時)와 일체구(一切俱)는 충족하지 못한다고 한다. 예를 들면 승해의 마음작용은 마음이 결정을 내려야 할 대상을 만날 때 일어나지만, 이와 다른 상황에서는 일어나지 않는다고 본다. 따라서 별경심소의 5가지 마음작용들은 시간을 가리지 않고 발생하는 것을 의미하는 일체의 시[一切時]를 충족하지는 않는다고 한다. 또한 별경심소의 작용은 모두 같은 찰나에 동시에 함께 일어나는 것[일체구(一切俱)]은 아니라고 한다. 곧 욕이 일어날 때 나머지 4가지 승해·염·정·혜는 욕과 함께 일어나지는 않는다고 한다.

요약하면, '별경심소'는 선·악·무기와 장소를 가리지 않고 어떤 마음이 일어나면, 언제나 그 마음과 함께 발견된다. 하지만 모든 때에 작용하지 않으며, 5가지 '별경심소'가 동시에 함께 일어나지는 않는다고 한다.

— '별경심소(別境心所, viniyata-caitasika)'는 각각 다른 대상에 대해 일어나는 '심소'

— '심왕'이 특정한 대상에 대해서 일어날 때, 그 때만 '심왕'과 함께 생겨나는 마음작용[심소]
 ⊙ 좋아하는 대상을 만나면 '욕(欲)의 심소'가 일어나고,
 ⊙ 결정을 필요로 하는 대상을 만나면 '승해(勝解)의 심소'가 일어나고,
 ⊙ 경험했던 대상을 만나면 '염(念)의 심소'가 일어나며,
 ⊙ 관찰 또는 명상할 대상을 만나면 '정(定)의 심소'와 '혜(慧)의 심소'가 일어나는 것과 같이 그 대상이 각각 다르다.

— '별경심소'는 선·악·무기와 장소를 가리지 않고 어떤 마음[8가지 식, 곧 심왕]이 일어나면, 언제나 그 마음과 함께 발견된다.

— 하지만 모든 때에 작용하지 않으며, 5가지 '별경심소' 모두 동시에 함께 일어나지는 않는다고 한다.

5가지 별경심소

'욕(欲, chanda)'은 좋아하는 대상에 대해 기대하거나 원하는 마음작용이다. '욕'에는 좋은 희망과 나쁜 희망이 있다. 다른 사람의 물건을 빼앗거나 훔쳐서 자기 것으로 하려는 것, 바르게 노력하지 않고 쉽게 얻으려는 것 등이 나쁜 바람이라면, 선지식(善知識)으로부터 좋은 가르침을 듣기를 바라는 것, 열심히 노력해서 깨달음을 얻고자 하는 것 등이 좋은 바람이다.

'승해(勝解, adhimokṣa)'는 '뛰어난 이해' 또는 '확실한 이해'를 뜻한다. 대상을 살펴서 확실히 이해하고 판단하여 그것을 자신의 마음속에 새겨서 계속 유지하려는 마음작용이다. 예를 들어, 어떤 교리가 옳은지 그른지를 판단하는 것이 승해(勝解)에 속한다.

'염(念, smṛti)'은 자신이 경험한 것을 잊지 않고 확실하게 기억하고 유지하려는 마음의 작용이다. '염'의 대상은 자기가 경험한 것에 한정된다. 자기가 경험하지 않은 것은 기억의 대상이 될 수 없다. '염 심소'는 선악 양쪽에 다 작용한다. 누군가에 대한 미움과 원망을 계속 품고 기억하는 것은 나쁜 '염'이다. 반면 진리를 계속 기억하고자 하는 것은 좋은 '염'이다.

'정(定, samādhi)'은 관찰하는 대상에 대해 집중하는 마음작용을 말한다. '정'은 지혜가 생겨나게 한다. 하지만 '정' 심소도 선악 양쪽에 다 작용한다. 오락이나 게임, 타인의 물건을 빼앗기 위해 집중하는 경우는 바른 '정'이 아니다. 하지만 깨달음을 얻기 위해 수행에 집중하는 것은 좋은 '정'이다.

'혜(慧, prajñā)'는 명상수행에서 관찰의 대상을 면밀히 심사하고 선택하여 나누는 마음의 작용이다.

- 욕·승해·염·정·혜가 있다.
⊙ 욕(欲, chanda): 좋아하는 대상을 만나면 생기는 심소
⊙ 승해(勝解, adhimokṣa): 결정을 필요로 하는 대상을 만나면 생기는 심소
⊙ 염(念, smṛti): 경험했던 대상을 만나면 생기는 심소. 경험한 것을 잊지 않고 확실하게 기억하고 유지하려는 마음작용
⊙ 정(定, samādhi): 관찰하는 대상에 대해 마음 깊이 집중하는 마음작용
⊙ 혜(慧, prajñā): 명상수행에서 관찰의 대상을 면밀히 심사하고 선택하며 나누는 마음의 작용이다.

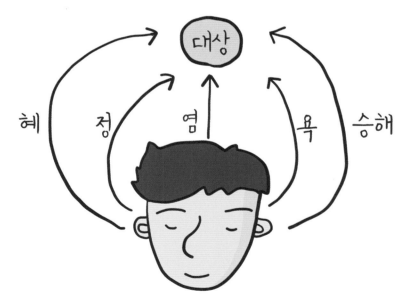

자성선 : 본질적으로 선한 마음의 작용

'선심소(善心所, kuśala-caitasika)'는 현재와 미래에 걸쳐 자기와 남에게 이익이나 즐거움을 주는 마음의 작용을 말한다. '선 심소'는 그 성질이 본질상 선인 것 〔자성선(自性善)〕과 상응선(相應善) 곧 본질상 무기(無記)이지만 '본질상 선'인 것과 상응함으로써 비로소 선(善)이 되는 것으로 구분된다. 우선 '선 심소'인 신·참·괴·무탐·무진·무치·근·안〔경안〕·불방일·행사·불해 등 11개 가운데 자성선(自性善)인 심소를 살펴보면 다음과 같다.

'참(慚, hrī) 심소'는 부끄러워하는 마음의 작용이다. 자신의 양심과 붓다의 진리에 비추어 보아 자신의 불완전함을 부끄러워하는 작용이다.

'괴(愧, apatrāpya) 심소' 또한 부끄러워하는 마음의 작용이다. '괴 심소'는 자신을 반성하여 부끄러워하기보다는 타인의 눈이나 세간의 소문 등을 걱정하여 부끄러워하는 것이다.

'무탐(無貪, alobha) 심소'는 탐내지 않는 마음의 작용이다. 자신과 자신이 가지고 있는 것〔지위, 명예, 지식, 부, 자식 등〕에 대해 집착하지 않는 마음의 작용이다.

'무진(無瞋, adveṣa) 심소'는 성내지 않는 마음의 작용이다. 나를 괴롭히는 것이 있더라도 그러한 것에 대해 성내지 않는 것이다.

'무치(無癡, amoha) 심소'는 붓다의 가르침 즉 연기나 사성제와 같은 진리를 바르게 이해하는 것이다. '무탐', '무진', '무치'는 깨달음을 방해하는 '탐진치'의 삼독과 대비해서 '3선근(三善根)', 즉 '선한 힘을 만드는 세 가지 마음작용'이라고 한다.

현재와 미래에 걸쳐 자기와 남에게 이익이나 즐거움을 주는 마음의 작용을 말한다.

- '선심소'는 자성선(自性善)과 상응선(相應善)으로 구분된다.
⊙ 자성선: 그 성질이 본질상 선인 것
⊙ 상응선: 본질상 무기(無記)이지만 '본질상 선'인 것과 상응함으로써 비로소 선(善)이 되는 것.

- '선 심소'에는 신·참·괴·무탐·무진·무치·근·안[輕安]·불방일·행사·불해가 있다.

- 자성선에는 참·괴·무탐·무진·무치가 있다.
⊙ 참(慚, hrī) 심소: 자신의 양심과 붓다의 진리에 비추어 보아 자신의 불완전함을 부끄러워하는 작용이다.
⊙ 괴(愧, apatrāpya) 심소: 타인의 눈이나 세간의 소문 등을 걱정하며 부끄러워하는 것이다.
⊙ 무탐(無貪, alobha) 심소: 탐내지 않는 마음. 자신과 자신이 가지고 있는 것 [지위, 명예, 지식, 부, 자식 등]에 대해 집착하지 않는 마음의 작용이다.
⊙ 무진(無瞋, adveṣa) 심소: 성내지 않는 마음의 작용이다.
⊙ 무치(無癡, amoha) 심소: 붓다의 가르침 즉 연기나 사성제와 같은 진리를 바르게 이해하는 것이다.
⊙ '무탐', '무진', '무치'는 깨달음을 방해하는 '탐진치'의 삼독과 대비해서 '3선근(三善根)', 즉 '선한 힘을 만드는 세 가지 마음작용'이라고 한다.

상응선 : 자성선과 상응함으로써 선이 되는 마음의 작용

11가지 선심소의 마음작용 중 신·근·경안·불방일·행사·불해는 상응선(相應善)에 해당한다. 곧 원래는 무기(無記)이지만 앞의 5가지 자성선(自性善)과 상응함으로써 선(善)이 되기 때문에 상응선(相應善)이라고 한다. 예를 들어, 신과 정진은 그 자체로는 선도 악도 아닌 무기(無記)인데, 참·괴·무탐·무진·무치와 상응하게 되면 비로소 선(善)이 된다고 한다. 6가지 상응선은 다음과 같다.

'신(信, śraddhā) 심소'는 믿는 마음의 작용을 말한다. 이 세계에 존재하는 일체 법, 즉 연기·무아·무상·사성제와 같은 진리가 존재함을 믿고 아는 작용을 말한다.

'근(勤, vīrya)의 심소'는 선을 행하고자 부지런히 노력하는 마음작용을 말한다.

'경안(輕安, praśrabdhi)의 심소'는 몸과 마음이 가볍고 편안한 것을 말한다.

'불방일(不放逸, apramāda)의 심소'는 진지하고 성실한 마음작용이다. 즉 정진〔勤〕·무탐·무진·무치에 힘쓰는 작용을 말한다.

'행사(行捨, upekṣā)의 심소'는 기복이 없으며〔평등〕 정직하여 마음을 고요히 머물게 하는 작용을 말한다. 마음이 들뜨지도 않고 가라앉지도 않는 평정한 상태이다.

'불해(不害, ahiṃsā)의 심소'는 다른 것에 해를 가하지 않는 마음의 작용이다.

11가지 '선 심소' 가운데 '경안'은 삼매에 들어갔을 때에만 작용하며, 일상생활에서는 '경안'을 제외한 열 가지 '심소'만이 작용한다.

원래는 무기(無記)이지만 앞의 5가지 자성선(自性善)과 상응함으로써 선(善)이 되기 때문에 상응선(相應善)이라고 한다.

― 11가지 선심소의 마음작용 중 신(信)·정진(精進)·경안(輕安)·불방일(不放逸)·행사(行捨)·불해(不害)는 상응선(相應善)에 해당한다.

⊙ 신(信, śraddhā) 심소: 믿는 마음의 작용을 말한다. 일체 법, 즉 연기·무아·무상·사성제와 같은 진리가 존재함을 믿고 아는 작용을 말한다.

⊙ 근(勤, vīrya) 심소: 선을 행하고자 부지런히 노력하는 마음작용을 말한다.

⊙ 경안(輕安, praśrabdhi) 심소: 몸과 마음이 가볍고 편안한 것을 말한다.

⊙ 불방일(不放逸, apramāda) 심소: 진지하고 성실한 마음작용이다.

⊙ 행사(行捨, upekṣā) 심소: 마음이 평정한 상태이다.

⊙ 불해(不害, ahiṃsā) 심소: 다른 것에 해를 가하지 않는 마음의 작용이다.

― 11가지 '선 심소' 가운데 '경안'은 삼매에 들어갔을 때에만 작용한다.

― 일상생활에서는 '경안'을 제외한 열 가지 '심소'만이 작용

현재와 미래에 걸쳐 자기와 남에게 이익이나 즐거움을 주는 마음의 작용

'번뇌심소1', 혼란스럽게 하는 마음의 작용

'번뇌심소(煩惱心所, kleśa-caitasika)'는 우리의 몸과 마음을 혼란스럽게 하는 마음의 작용을 말한다. 여기에는 탐·진·치·만·의·부정견 등의 여섯 가지 작용이 있다. 그리고 부정견은 다시 살가야견·변집견·사견·견취견·계금취견 등 다섯 가지로 나누어진다. 따라서 '번뇌심소'에는 모두 열 개의 심소가 있다고 할 수 있다.

여기에서는 우선 탐·진·치·만·의를 살펴보고자 한다.

'탐(貪, rāga) 심소'는 어떤 대상에 대해 집착하여 탐하는 작용이다.

'진(瞋, pratigha) 심소'는 자신의 마음에 들지 않을 때 분노하는 마음의 작용이다.

'치(癡, moha) 심소'는 세상의 이치나 도리에 대해 어리석은 마음의 작용이다. 불교적으로 말하면, 붓다의 가르침 즉 무아·공·연기·사성제 등의 진리를 이해하지 못하는 어리석은 마음의 작용이다. '치 심소'는 모든 번뇌의 근원이 된다고 한다.

불교에서는 특히 탐진치의 번뇌를 삼독(三毒)이라고 한다. 탐진치는 깨달음을 얻는 데 가장 큰 방해가 된다고 한다.

'만(慢, māna) 심소'는 다른 사람과 비교하여 자기를 높이려는 마음의 작용이다.

'의(疑, vicikitsā) 심소'는 진리[사성제나 세상의 도리] 자체를 의심하는 마음의 작용이다.

우리의 몸과 마음을 혼란스럽게 하는 마음의 작용을 말한다.
여기에는 탐·진·치·만·의·악견 등의 여섯 가지 작용이 있다.

- 우리의 몸과 마음을 혼란스럽게 하는 마음의 작용을 말한다.

- 여기에는 탐·진·치·만·의·부정견 등의 여섯 가지 작용이 있다.

- 부정견은 다시 살가야견·변집견·사견·견취견·계금취견 등 다섯 가지로 나누어진다.

- 따라서 '번뇌 심소'에는 모두 열 개의 심소가 있다고 할 수 있다.

- 우선 탐·진·치·만·의를 살펴본다.
◉ 탐(貪, rāga) 심소: 어떤 대상에 대해 집착하며 탐하는 작용이다.
◉ 진(瞋, pratigha) 심소: 자신의 마음에 들지 않을 때 분노하는 마음의 작용이다.
◉ 치(癡, moha) 심소: 세상의 이치나 도리에 대해 어리석은 마음의 작용이다. '치심소'
   는 모든 번뇌의 근원이 된다고 한다.
◉ 만(慢, māna) 심소: 다른 사람과 비교하며 자기를 높이려는 마음의 작용이다.
◉ 의(疑, vicikitsā) 심소: 진리[사성제나 세상의 도리] 자체를 의심하는 마음의 작용이다.

'번뇌심소2', 부정견에 속한 5가지 종류

'부정견(不正見, mithyā-dṛṣṭi) 심소'는 진리에 대한 잘못된 견해로 사물을 있는 그 대로 보지 못하게 하여 괴로움을 일으키는 마음의 작용이다. 유식학에서는 '부정견'을 다음과 같이 다섯 가지로 세분한다.

먼저 '살가야견(薩迦耶見, satkāya-dṛṣṭi)'은 '존재하다.'라는 싸뜨(sat), '몸'이라는 까야(kāya), '보다.'라는 드리스띠(dṛṣṭi)로 이루어진 산스끄리뜨 합성어를 음사 한 것이다. '신체가 있다고 집착하는 견해'를 뜻하며 유신견(有身見)으로 한 역한다. 인간 존재 즉 5온이 영원히 존재한다고 생각하고 이에 대해 집착하 여 생기는 번뇌를 말한다.

다음은 변집견(邊執見, anta-grāha-dṛṣṭi)이다. 이것은 극단으로 생각하는 견해이 다. 우리가 죽으면 모두 사라진다는 단멸론(斷滅論) 또는 영혼이 있어서 영원 히 존재한다는 상주론(常住論)에 집착하는 견해이다.

다음은 사견(邪見, mithyā-dṛṣṭi)이다. 이것은 연기 또는 인과의 도리를 인정하 지 않는 견해이다.

다음은 견취견(見取見, dṛṣṭi-parāmarśa-dṛṣṭi)이다. 이것은 자신의 견해만이 절대 적으로 올바르다고 생각하는 심소이다.

다음은 계금취견(戒禁取見, śīla-vrata-parāmarśa-dṛṣṭi)이다. 이것은 자신이 믿고 있 는 계율이 잘못된 계율임에도 불구하고 가장 뛰어난 계율이라고 생각하고 그것에 집착하는 것이다.

- 부정견(不正見, mithyā-dṛṣṭi) 심소: 진리에 대한 잘못된 견해.
  ⊙ 사물을 있는 그대로 보지 못하게 하며 괴로움을 일으키는 마음의 작용

- 유식학에서는 '부정견'을 다음과 같이 다섯 가지로 세분한다.
  ⊙ 살가야견(薩迦耶見, Satkāya-dṛṣṭi): 유신견(有身見)으로 한역한다.
    인간 존재, 즉 5온이 영원히 존재한다고 생각하고 이에 대해 집착하며 생기는
    번뇌를 말한다.
  ⊙ 변집견(邊執見, anta-grāha-dṛṣṭi): 극단으로 생각하는 견해이다. 우리가
    죽으면 모두 사라진다는 단멸론(斷滅論) 또는 영혼이 있어서 영원히 존재한다
    는 상주론(常住論)에 집착하는 견해이다.
  ⊙ 사견(邪見, mithyā-dṛṣṭi): 연기 또는 인과의 도리를 인정하지 않는 견해
    이다.
  ⊙ 견취견(見取見, dṛṣṭi-parāmarśa-dṛṣṭi): 자신의 견해만이 절대적으로
    올바르다고 생각하는 심소이다.
  ⊙ 계금취견(戒禁取見, śīla-vrata-parāmarśa-dṛṣṭi): 자신이 믿고 있는
    계율이 잘못된 계율임에도 불구하고, 가장 뛰어난 계율이라고 생각하고 그것에
    집착하는 것.

진리

'수번뇌', 부수적으로 작용하는 번뇌심소

'수번뇌(隨煩惱, upakleśa)'는 근본번뇌를 따라 부차적으로 일어난 번뇌를 말한다. 근본번뇌는 탐·진·치·만·의·부정견이다. 수번뇌는 독립적으로 작용하지 않고, 근본번뇌의 작용에 의해 이끌려 일어나며 근본번뇌와 함께 작용한다. 따라서 근본번뇌가 끊어질 때 수번뇌도 함께 끊어진다고 한다.

『성유식론』 제6권에 따르면 '수번뇌심소'는 다시 '소수번뇌심소(小隨煩惱心所)', '중수번뇌심소(中隨煩惱心所)', '대수번뇌심소(大隨煩惱心所)'로 나뉜다. '소수번뇌심소'는 10가지로서 각기 따로 일어나기 때문에 붙여진 이름이다. 여기에 분(忿)·한(恨)·부(覆)·뇌(惱)·질(嫉)·간(慳)·광(誑)·첨(諂)·해(害)·교(憍) 등이 있다. '중수번뇌심소'는 2가지로서 무참과 무괴이다. 불선(不善)에 두루하기 때문에 붙여진 이름이다. '대수번뇌심소'는 8가지로서 도거·혼침·불신·해태·방일·실념·산란·부정지 등이 있다. 불선심(不善心)과 유부무기심(有覆無記心)에 두루 작용하기 때문에 붙여진 이름이다.

『성유식론』 제6권에 따르면, '수번뇌심소'는 모두 분별에 의해 생겨나는 분별기(分別起)이기도 하고, 태어날 때 선천적으로 갖춘 번뇌에서 생겨나는 구생기(俱生起)이기도 하다. 즉 '수번뇌심소'는 견도에서 한꺼번에 끊어지는 견혹(見惑)[분별기]이기도 하고 수도에서 점진적으로 끊어지는 수혹(修惑)[구생기]이기도 하다. 이렇게 되는 이유는 수번뇌가 근본번뇌를 '따라 일어나는[隨起]' 번뇌이기 때문이라고 한다. 즉 근본번뇌가 견혹이면 따라 일어난 수번뇌도 항상 견혹이고, 근본번뇌가 수혹이면 따라 일어난 수번뇌도 항상 수혹이기 때문이다.

- '수번뇌'는 근본번뇌를 따라 부차적으로 일어난 번뇌
- 독립적으로 작용하지 않고, 근본번뇌의 작용에 의해 이끌려 일어나며 근본번뇌와 함께 작용한다.
- 따라서 근본번뇌가 끊어질 때 수번뇌도 함께 끊어진다고 한다.

- '수번뇌'는 다시 '소수번뇌', '중수번뇌', '대수번뇌'로 나뉜다.
  ◉ 소수번뇌: 10가지로서 분·한·부·뇌·질·간·광·첨·해·교 등이 있다. 각기 따로 일어나기 때문에 붙여진 이름
  ◉ 중수번뇌: 2가지로서 무참과 무괴이다. 불선(不善)에 두루하기 때문에 붙여진 이름
  ◉ 대수번뇌: 8가지로서 도거·혼침·불신·해태·방일·실념·산란·부정지 등이 있다. 불선심(不善心)과 유부무기심(有覆無記心)에 두루 작용하기 때문에 붙여진 이름

- 『성유식론』 제6권에 따르면, '수번뇌심소'는 모두 분별에 의해 생겨나는 분별기(分別起)이기도 하고, 태어날 때 선천적으로 갖춘 번뇌에서 생겨나는 구생기(俱生起)이기도 하다.
- 이유는 수번뇌가 근본번뇌를 '따라 일어나는[隨起]' 번뇌이기 때문이라고 한다.
  ◉ 근본번뇌가 견혹이면 따라 일어난 수번뇌도 항상 견혹이고, 근본번뇌가 수혹이면 수번뇌도 항상 수혹이기 때문

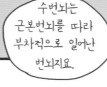

수번뇌는 근본번뇌를 따라 부차적으로 일어난 번뇌지요.

'소수번뇌', 독자적인 성격이 강한 번뇌

'소수번뇌심소'는 다른 번뇌와 공통점이 적어서 독자적인 성격이 강한 번뇌심소이다. '소수번뇌심소'라는 명칭은 이 그룹에 속한 번뇌의 성격을 지닌 마음작용들은 모두 개별적으로 일어나며 폭이 좁은 수번뇌심소라는 것을 의미한다. 이러한 이유 때문에 '소(小)'라는 말을 사용하여 이름을 붙인 것이라 한다. 곧, '소수번뇌심소'라는 말은 각자 별도로 일어나는 2차적인 번뇌심소를 뜻한다.

각기 별도로 일어난다는 것이란, '소수번뇌심소'에 속한 마음작용은 불선(不善)으로 분류되는 심한 번뇌들인데, 마음이 쌓은 악업에 따라 그에 상응하여 각각의 좋지 않은 작용이 일어난다는 것을 말한다. '소수번뇌심소'에 속한 마음작용은 '중수번뇌심소'나 '대수번뇌심소'에 속한 마음작용보다 더 심한 번뇌성의 마음작용, 곧 더 오염된 마음작용이라고 한다. '소(小)'가 심하지 않은 번뇌 또는 덜 오염된 마음작용을 의미한다고 생각하지 말아야 한다. '소수번뇌심소'라고 부르지만 결코 약한 번뇌심소는 아니라고 한다.

대승불교의 유식유가행파와 법상종에 따르면, 분(忿)·한(恨)·부(覆)·뇌(惱)·질(嫉)·간(慳)·광(誑)·첨(諂)·해(害)·교(憍)와 같은 10가지 심한 번뇌성의 마음작용들이 '소수번뇌심소'에 속한다. 이 10가지 마음작용을 '소수번뇌' 또는 '소수혹(小隨惑)'이라 한다.

- 다른 번뇌와 공통점이 적어서 독자적인 성격이 강한 번뇌이다.

- 각자 개별적으로 일어나며 폭이 좁기 때문에 '소수번뇌'라고 부르지만 결코
약한 번뇌는 아니다.
    ⊙ '소수번뇌심소'에 속한 마음작용은 불선(不善)으로 분류되는 심한 번뇌
    ⊙ 마음이 쌓은 악업에 따라 그에 상응하여 각각의 착하지 않은 작용이 일어난
       다는 것을 말한다.

- '중수번뇌심소'나 '대수번뇌심소'에 속한 마음작용보다 더 심한 번뇌성의
마음작용, 곧 더 오염된 마음작용

- 분·한·부·뇌·질·간·광·첨·해·교와 같은 10가지 심한 번뇌성의 마음작용들이
'소수번뇌심소'에 속한다.

소수번뇌

'소수번뇌심소'의 종류

'분(忿, krodha)'은 분노하는 마음의 작용이다. 눈앞에 있는 사람이 내 마음대로 움직여주지 않을 때 작용하는 폭발적인 분노를 말한다.

'한(恨, upanāha)'은 오랫동안 미워하거나 싫어한 결과로 일어난 것으로 원망이나 원한을 품은 마음의 작용이다.

'부(覆, mrakṣa)'는 자신의 잘못으로 인해 자신의 지위나 재산, 명예를 잃어버릴 수 있기 때문에 숨기고자 하는 마음의 작용이다.

'뇌(惱, pradāśa)'는 남을 원망하고 다투고 마음에 들지 않는 사람에게 거친 말을 하는 마음의 작용을 말한다.

'질(嫉, īrṣyā)'은 상대가 나보다 뛰어날 때 시기 질투하는 마음의 작용이다.

'간(慳, mātsarya)'은 자기가 가진 것 즉 재물이나 지식을 타인에게 베푸는 것에 인색한 마음의 작용이다.

'광(誑, māyā)'은 이익을 위해 자신을 과대하게 포장하여 타인을 속이는 작용이다.

'첨(諂, śāṭhya)'은 아첨하는 마음의 작용이다. 특히 남을 끌어들이기 위해 자기를 굽히고 자기 가치관이나 삶의 태도까지 왜곡하면서 아첨하는 마음의 작용을 말한다.

'해(害, vihiṃsā)'는 자기 자신을 위해 남을 해치고자 하는 마음의 작용이다.

'교(憍, mada)'는 내적으로 자신을 뽐내는 마음이다. '만'이 타인과 비교하여 자신이 잘났다고 생각하는 마음의 작용인 반면, '교'는 거의 타인을 의식하지 않고 스스로 오만방자한 마음의 작용이다.

ㅡ 분·한·복·뇌·질·간·광·첨·해·교 등이 있다.

⊙ 분(忿, krodha): 분노하는 마음의 작용이다.

⊙ 한(恨, upanaha): 오랫동안 미워하거나 싫어한 결과로 일어난 마음의 작용이다. 원망이나 원한을 품은 마음의 작용이다.

⊙ 복(覆, mraksa): 자신의 잘못으로 인해 자신의 지위나 재산, 명예를 잃어버릴 수 있기 때문에 숨기고자 하는 마음의 작용이다.

⊙ 뇌(惱, pradasa): 남을 원망하고 다투고 마음에 들지 않는 사람에게 거친 말을 하는 마음의 작용을 말한다.

⊙ 질(嫉, irsya): 상대가 나보다 뛰어날 때 시기하고 질투하는 마음의 작용이다.

⊙ 간(慳, matsarya): 자기가 가진 것 즉 재물이나 지식을 타인에게 베푸는 것에 인색한 마음의 작용이다.

⊙ 광(誑, maya): 타인을 속이는 마음의 작용이다. 즉 이익을 위해 자신을 과대하게 포장하며 상대방을 속이는 작용이다.

⊙ 첨(諂, sathya): 아첨하는 마음의 작용이다. 특히 남을 끌어들이기 위해 자기를 굽히고 자기 가치관이나 삶의 태도까지 왜곡하면서 아첨하는 마음의 작용을 말한다.

⊙ 해(害, vihimsa): 자기 자신을 위해 남을 해치고자 하는 마음의 작용이다.

⊙ 교(憍, mada): 내적으로 자신을 뽐내는 마음이다. 타인을 거의 의식하지 않고 스스로 오만방자한 마음의 작용이다.

'중수번뇌', 작용의 폭이 '소수번뇌'와 '대수번뇌'의 사이

'중수번뇌심소'는 불선심(不善心), 즉 악한 마음과 언제나 함께 일어나는 수번 뇌심소를 뜻한다. 그 작용의 폭이 '소수번뇌심소'와 '대수번뇌심소' 사이이 므로 '중수번뇌심소'라고 한다. 불선한 마음속에 널리 퍼져 있는 수번뇌심 소이다. 그런데 '중수번뇌심소'에 대해 설명할 때, '모든 불선한 마음'을 말 하고 있으며, 모든 염오심(染汚心) 즉 번뇌에 물든 모든 마음을 일컫고 있지 않는 것에 주목할 필요가 있다. 불선한 마음은 염오심의 일부이다. 불선한 마음은 바른 지혜가 명백하게 나타나는 것을 장애한다. 그리고 이것에 그치 지 않고 악한 과보를 일으키는 번뇌성의 마음작용〔심소〕과 상응한다.

'중수번뇌심소'에는 '무참(無慚, āhrīkya)'과 '무괴(無愧, anapatrāpya)'가 있다. 앞에 서 살펴보았듯이, '참'과 '괴'가 선심소로서 부끄러워하는 마음의 작용이라 면, '무참'과 '무괴'는 부끄러움을 모르는 마음의 작용이다. '무참'과 '무괴'에 대해 좀 더 자세히 살펴보면 다음과 같다.

'무참'은 자기의 양심과 진리에 비추어 부끄러워할 줄 모르는 마음이다. '무참'의 '참'은 구체적으로는 자신의 잘못된 행동을 붓다의 가르침에 비추 어 보고 수치스러워하는 마음이다. '무참'은 스스로 이러한 부끄러움을 아 는 마음이 없는 것을 말한다.

'무괴'는 타인의 시선에 비추어 자신의 잘못된 행동이나 마음에 대해 부 끄러움을 모르는 마음이다. 객관적으로 반성하는 마음이 없고 다른 사람의 시선이나 올바른 지적에도 전혀 신경 쓰지 않는 것을 말한다.

- '중수번뇌'는 불선심(不善心), 즉 악한 마음과 언제나 함께 일어나는 수번뇌를 뜻한다.

- 그 작용의 폭이 '소수번뇌'와 '대수번뇌' 사이이므로 '중수번뇌' 라고 한다.

- '무참'과 '무괴'가 있다.
  ⊙ 무참(無慚, ahrikya): 자기의 양심과 진리에 비추어 부끄러워할 줄 모르는 마음
  ⊙ 무괴(無愧, anapatrapya): 타인의 시선에 비추어 부끄러움을 모르는 마음

중수번뇌는 부끄러움을 모르는 마음으로 악한 마음이 일어났을 때 자신의 이익만을 생각하며 그 행동을 하게 됨으로 결국 악행을 저지르게 된다.

'대수번뇌', 오염된 마음에 두루 존재

'대수번뇌심소'는 오염된 마음(염심(染心, akuśala-citta))에 두루 존재하는 수번뇌심소이다. '오염된 마음'이란 '번뇌에 의해 더럽혀진 마음'을 말한다. 특히 유식학에서는 4성(선, 불선, 유부무기, 무부무기) 중에서 '불선'과 '유부무기'만을 합쳐서 '오염된 마음'이라고도 한다. 여기서 '유부무기'는 '유부(더러움에 덮여 있는 것)'이지만 '무기(선도 불선도 아닌 것)'이다.

'대수번뇌심소'에서 '대'수번뇌라는 명칭은 번뇌에 물든 모든 마음과 언제나 함께 일어나는 수번뇌심소라는 것을 의미한다. 이 때문에 '대(大)'라는 말을 사용하여 이름을 붙였다고 한다. 모든 번뇌심소는 제6의식과 작용을 하는데 특히 대수번뇌심소는 제6의식과 함께 작용할 뿐만 아니라 집요하게 자아에 집착하는 말나식과도 함께 작용하는 심소라고 한다. 『성유식론』에서도 기술하고 있듯이, 대수번뇌는 '염심에 두루하기 때문에' 말나식과 함께 작용한다는 것이다. 왜냐하면 말나식의 특징은 '염심'이기 때문이다.

'대수번뇌'는 비슷한 성질을 가진 번뇌끼리 함께 작용하고, '염심'을 공통으로 모두 갖춘 마음작용이라고 한다. '근본'번뇌는 '뿌리가 되는 1차적인 [根本]' 번뇌임에 비해, '소'수번뇌는 '특수한 또는 심한(小)' 2차적인 번뇌이고 '중'수번뇌는 '특수하지도 일반적이지도 않은(中)' 2차적인 번뇌이며, '대'수번뇌는 '일반적인(大)' 2차적인 번뇌라 할 수 있다. '의식'과 작용할 뿐만 아니라 유부무기(有覆無記)인 말나식과도 함께 작용한다.

- '대수번뇌'는 오염된 마음[염심(染心, akuśala-citta)]에 두루 존재하는 수번뇌이다.

  ⊙ '염심'이란 '번뇌에 의해 더럽혀진 마음'
  ⊙ 유식학에서는 선, 불선, 유부무기, 무부무기 중에서 '불선'과 '유부무기' 만을 합쳐서 '염심'이라고도 한다.
    ✳ '유부무기'는 '유부[더러움에 덮여 있는 것]'이지만 '무기[선도 불선도 아닌 것]'이다.

- '대수번뇌심소'에서 '대'수번뇌라는 명칭은 번뇌에 물든 모든 마음과 언제나 함께 일어나는 '수번뇌심소'라는 것을 의미

- 비슷한 성질을 가진 번뇌끼리 함께 작용하고, '오염된 마음[染心]'을 공통으로 모두 갖춘 마음작용

- '대'수번뇌는 '일반적인[大]' 2차적인 번뇌
  ⊙ '소'수번뇌는 '특수한 또는 심한[小]' 2차적인 번뇌
  ⊙ '중'수번뇌는 '특수하지도 일반적이지도 않은[中]' 2차적인 번뇌
  ⊙ '근본'번뇌는 '뿌리가 되는 1차적인[根本]' 번뇌

- '의식'과 작용할 뿐만 아니라 유부무기(有覆無記)인 말나식과도 함께 작용한다.

대수번뇌의 종류

'도거(掉擧, auddhatya)'는 마음이 홍분하여 소란스러운 상태를 말한다. 불안한 마음의 작용이다. 따라서 수행을 방해하는 '심소'이다.

'혼침(惛沈, styāna)'은 '도거'와 반대로 마음이 지나치게 가라앉아서 의기소침한 상태를 말한다. 이 마음이 지나치게 되면 부정적인 사고를 하게 되며 자신감이 없어지고, 결국 우울증이 나타나게 된다.

'불신(不信, āśraddhya)'은 붓다의 가르침을 믿지 않는 마음의 작용이다.

'해태(懈怠, kausīdya)'는 '정진'의 반대말로 선을 행하고 나쁜 것을 방지하는 것에 게으름을 피우는 마음이다. 단순히 게으른 마음이 아니라 공·무상·무아의 불도를 지향하지 않는 마음이다.

'방일(放逸, pramāda)'은 산만하고 태만한 마음이다. 번뇌로부터 마음을 지키고 보호하지 않는 것이다. 해야 할 일을 방치하는 것을 말한다. '해태'와 비슷하지만, '해태'가 선을 닦고 악을 끊는 것에 게으른 마음인 반면, '방일'은 더러움을 방지하고 깨끗함을 닦는 것에 게으른 마음이다.

'실념(失念, muṣitasmṛtitā)'은 기억하지 못하는 마음의 작용이다.

'산란(散亂, vikṣepa)'은 마음이 안정되지 않고 산만한 상태를 말한다. '도거'가 마음이 홍분한 상태인 반면, '산란'은 마음이 방향을 정하지 못하고 헤매는 상태를 말한다.

'부정지(不正知, asaṃprajanya)'는 반드시 알아야 할 대상에 대해 잘못된 인식을 하는 마음의 작용이다. 즉 무상·공·무아인 진실을 알지 못하는 것이다.

― 도거·혼침·불신·해태·방일·실념·산란·부정지 등이 있다.

⊙ 도거(掉擧, auddhatya): 마음이 흥분하여 불안한 마음의 작용이다.

⊙ 혼침(惛沈, styāna): '도거'와 반대로 마음이 지나치게 가라앉아서 의기소침한 상태를 말한다.

⊙ 불신(不信, āśraddhya): 붓다의 가르침을 믿지 않는 마음의 작용이다.

⊙ 해태(懈怠, kausīdya): '정진'의 반대말로 게으름을 피우는 마음이다. 단순히 게으른 마음이 아니라 공·무상·무아의 불도를 지향하지 않는 마음이다.

⊙ 방일(放逸, pramāda): 산만하고 태만한 마음이다. '불방일'의 반대이며 번뇌 로부터 마음을 지키고 보호하지 않는 것이다. '해태'와 비슷하지만, '해태'가 선을 닦고 악을 끊는 것에 게으른 마음인 반면, '방일'은 더러움을 방지하고 깨끗함을 닦는 것에 게으른 마음이다.

⊙ 실념(失念, musitasmṛtitā): '별경심소'의 '염[기억]'과 반대되는 심소 로서, 기억하지 못하는 마음의 작용이다.

⊙ 산란(散亂, vikṣepa): 마음이 안정되지 않고 산만한 상태를 말한다. '도거' 가 마음이 흥분한 상태인 반면, 마음이 방향을 정하지 못하고 헤매는 상태, 즉 갈팡질팡하는 상태를 말한다.

⊙ 부정지(不正知, asamprajanya)는 반드시 알아야 할 대상에 대해 잘못된 인식을 하는 마음의 작용이다. 즉 무상·공·무아인 진실을 알지 못하는 것이다.

대수번뇌는 불안정하고, 불신하며 게으른 마음 등으로 번뇌를 끊고 바른 마음을 갖추어야 합니다.

'부정심소', 어느 쪽에도 고정되지 않은 마음의 작용

'부정심소(不定心所, aniyata-caitasika)'는 선악, 무기 어느 쪽에도 고정되지 않은 마음의 작용이다. 구체적으로 다음과 같은 작용이 있다.

'회(悔, kaukṛtya)'는 후회하는 마음의 작용이다. 후회하는 작용에는 대부분 잘못된 행위에 대해 후회를 하지만, 선한 행위를 한 후에 후회하는 경우도 있다. 예컨대, '동생에게 더 따뜻하게 대해 줄 걸 그랬다.'라는 후회는 선한 행위를 한 후에 후회하는 경우이다. 이처럼 '회'는 선악 중 어느 쪽으로 작용할지 정해지지 않았기 때문에 '부정의 심소'라 한다.

'면(眠, middha)'은 수면이나 졸음을 말한다. 피곤해서 졸린 것은 자연스러운 것으로서 번뇌가 아니다. 그렇지만 선정 중의 졸음은 나쁜 것으로서 번뇌가 된다. 선악 어느 쪽으로 작용할지 결정되어 있지 않기 때문에 '부정의 심소'라고 한다.

'심(尋, vitarka)'은 찾아서 구하는 작용으로 대강 헤아리는 마음이고, '사(伺, vicāra)'는 자세하게 살피는 마음을 말한다. 둘의 작용은 언어에 의해 여러 가지로 회상하고 추측하는 마음으로 비슷하지만, '심'은 '사'보다 거칠고 개략적인 표현을 구하는 언어 활동이고 '사'는 '심'보다 섬세하며 미세한 표현을 구하는 언어 활동이라는 차이가 있다. 하지만 선악 어느 쪽으로도 결정되어 있지 않기 때문에 '부정의 심소'라고 한다.

‘부정심소(不定心所, aniyata-caitasika)’는 선악, 무기 어느 쪽에도
고정되지 않은 마음의 작용

- 회·면·심·사 등이 있다.
- ⊙ 회(悔, kaukṛtya): 후회하는 마음의 작용이다. 후회하는 작용에는
  대부분 잘못된 행위에 대해 후회를 하지만, 선한 행위를 한 후에 후회하는
  경우도 있다. 선악 중 어느 쪽으로 작용할지 정해지지 않았기 때문에
  ‘부정의 심소’라 한다.
- ⊙ 면(眠, middha): 수면이나 졸음을 말한다. 피곤해서 졸린 것은 자연스러운
  것으로서 번뇌가 아니다. 그렇지만 선정 중의 졸음은 나쁜 것으로서 번뇌가 된다.
  선악 어느 쪽으로 작용할지 결정되어 있지 않기 때문에 ‘부정의 심소’라고 한다.
- ⊙ 심(尋, vitarka): 찾아서 구하는 작용으로 대강 헤아리는 마음이다.
- ⊙ 사(伺, vicāra): 자세하게 살피는 마음을 말한다.
- ※ ‘심’과 ‘사’는 언어에 의해 여러 가지로 회상하고 추측하는 마음으로
  비슷하지만, ‘심’은 ‘사’보다 거칠고 개략적인 표현을 구하는 언어 활동이고
  ‘사’는 ‘심’보다 섬세하며 미세한 표현을 구하는 언어 활동이라는 차이가
  있다.
- ※ 하지만 선악 어느 쪽으로도 결정되어 있지 않기 때문에 ‘부정의 심소’라고
  한다.

제 4 장

수행의 길

수행의 길

유식 사상은 요가 수행에 매진하던 사람들인 유가사(瑜伽師, Yogācāra)의 체험을 기반으로 만들어진 것이다. 유식 사상에 의하면 궁극적 진리는 개념으로 파악할 수 있는 것이 아니라 오랜 시간에 걸쳐 수행을 통해 깨닫게 된다. 요가 수행자들은 '일체는 오직 식에 지나지 않는다.'라는 근본 명제에 바탕을 두고 독자적인 수행 방법을 제시했다. 이것은 자량위, 가행위, 통달위, 수습위, 구경위로 나누어 설명된다. 여기서 '위'는 단계를 말한다. 이 5가지 단계는 세친이 쓴 『유식삼십송』의 제26송에서 제30송까지의 내용에 해당한다. 이를 차례로 살펴보면 다음과 같다.

- 유식사상에 의하면 궁극적 진리는 개념으로 파악할 수 있는 것이 아니라 오랜 시간에 걸쳐 수행을 통해 깨닫게 된다.

- 요가수행자들은 '일체는 오직 식에 지나지 않는다.'라는 근본 명제에 바탕을 두고 독자적인 수행 방법을 제시했다.

- 『유식삼십송』에서는 수행의 과정을 자량위, 가행위, 통달위, 수습위, 구경위로 나누어 설명하고 있다.

궁극적 진리가 무엇입니까?

오랜 시간에 걸친 수행으로만 도달할 수 있지요.

자량위1, 복과 지혜를 쌓는 단계

'자량위'란 먼 길을 떠날 때 옷과 음식을 챙기듯이, 수행의 길을 가는 데 도움이 되는(資) 양식(糧)을 쌓는 단계(位)이다. 본격적으로 수행하기 위한 준비를 하는 단계를 말한다. 곧 내적인 자질과 역량을 키우는 단계라 할 수 있다. 이를 위해 필요한 것은 유식의 진리를 믿고 이해하는 것이라고 한다. '자량위'는 '모든 것은 오직 식에 지나지 않는다.'고 하는 도리(유식의 이치)를 깊이 믿고 이해하는 단계라 할 수 있다. 이를 위해 다음의 네 가지 힘을 키우는 것이 중요하다고 한다.

첫째, 인력(因力)이다. 수행하는 데 필요한 자신의 힘을 말한다. 진리의 세계로부터 흘러나온 가르침을 듣고 '알라야식'에 '종자'를 축적하여 자신의 힘을 키우는 것이다.

둘째, 선우력(善友力)이다. 붓다나 보살과 같은 뛰어난 인물과 좋은 벗을 만나 가르침을 받는 것이다. 공부할 때, 스승이나 훌륭한 도반을 만나면 혼자하는 것보다 훨씬 쉽게 이해되며 수행의 진전도 빨라진다. 따라서 선지식이나 좋은 친구가 필요하다.

셋째, 작의력(作意力)이다. 작의력이란 마음이 한 대상으로 향하여 집중해서 움직이는 힘이다. 자기의 내부에서 유식의 가르침을 숙고하고, 마음 깊이 이해하는 것을 말한다.

넷째, 자량력(資糧力)이다. 지혜나 복덕을 잘 닦는 것을 말한다. 구체적으로 경전과 논서를 읽어서 지혜를 쌓으며, 보시와 같은 선한 행위를 실천함으로써 복덕을 쌓는 것이다.

- '자량위': 수행의 길을 가는 데 도움이 되는 양식을 쌓는 단계이다.
- 다음의 네 가지 힘으로 '모든 것은 오직 식에 지나지 않는다.'라고 하는 유식의 이치를 깊이 믿고 이해하는 단계이다.

⊙ 인력(因力): 수행하는 데 필요한 자신의 힘을 말한다. 진리의 세계로부터 흘러나온 가르침을 듣고 '알라야식'에 '종자'를 축적하여 자신의 힘을 키우는 것.

⊙ 선우력(善友力): 부처나 보살과 같은 뛰어난 인물과 좋은 벗을 만나 가르침을 받는 것.

⊙ 작의력(作意力): 마음이 한 대상으로 향하여 집중해서 움직이는 힘을 말한다. 자기의 내부에서 유식의 가르침을 숙고하고, 마음 깊이 이해하는 것.

⊙ 자량력(資糧力): 지혜나 복덕을 잘 닦는 것을 말한다. 구체적으로 경전과 논서를 읽어서 지혜를 쌓으며, 보시와 같은 선한 행위를 실천함으로써 복덕을 쌓는 것.

자량위2, 해탈로 방향이 정해진 단계

'자량위'는 해탈에 이르기 위해 지혜와 복덕을 부지런히 닦는 단계이기 때문에 해탈로 방향이 정해진 단계라고 해서 '순해탈분(順解脫分)'이라고 부른다. 분(分)은 원인을 뜻한다. 따라서 '순해탈분'은 해탈로 향하게 하는 원인이 되는 것, 해탈을 향해 나아가게 되는 단계라는 말이다.

유식의 본성(唯識性)은 본래 존재하지 않아서 언어로 표현할 수 없다. 스스로 환하게 밝음을 터득해야 한다. 하지만 자량위 단계는 이런 유식의 본성을 터득하기에는 아직 충분하지 못한 상태이다. '자량위'는 수행의 첫 걸음을 내딛는 단계로서 기초적인 힘을 다지는 단계이다. '유식'에 대해 지적으로 이해는 하지만, 분별하는 마음이 일어나서 인식의 상황에서 잠복되어 있는 번뇌에 끌려가는 상태이다. 아직 인식주관과 인식대상이 분리되어 있다고 할 수 있다.

'자량위'는 타인에게 선한 행위를 하여 도덕적으로 건강하고, 자아와 세계에 대해 매우 깊게 잘 이해하기 위해 준비하는 단계라 할 수 있다. 곧 궁극적 진리를 깨닫기 위해 준비하는 단계이다. '자량위'에서는 자기 내부에 갖추어진 이른바 선천적인 힘과, 그것에 더하여 바른 가르침을 듣고(因力), 뛰어난 인물을 만나는(善友力) 등 외부 작용을 중요시하고 있다는 점을 주목할 필요가 있다.

해탈에 이르기 위해 지혜와 복덕을 부지런히 닦는 단계이기 때문에 해탈로
방향이 정해진 단계

- '순해탈분(順解脫分)'이라고도 한다.
  ⊙ 분(分)은 원인을 뜻한다. '순해탈분'은 해탈로 향하게 하는 원인이 되는 것
  ⊙ 해탈을 향해 나아가게 되는 단계라는 말이다.

- '자량위'는 수행의 첫걸음을 내딛는 단계로서 기초적인 힘을 다지는 단계.

- '유식'에 대해 지적으로 이해는 하지만, 분별하는 마음이 일어나서 인식의 상황
에서 잠복되어 있는 번뇌에 끌려가는 상태이다.
  ⊙ 아직 인식 주관과 인식 대상이 분리되어 있다.

- '자량위'에서는 자기 내부에 갖추어진 이른바 선천적인 힘이 필요하지만, 그것에
더하여 바른 가르침을 듣고[因力] 뛰어난 인물을 만나는[善友力] 등 외부 작용을
중요시한다.

155

가행위1, 수행에 힘쓰는 단계_4선근, 난위

'가행위'는 한층 더(加) 수행(行)에 힘을 쓰는 단계(位)를 말한다. 유식 수행에서 가장 중요한 단계이다. 『성유식론』에서는 '가행위'를 구체적으로 난위(煖位)·정위(頂位)·인위(忍位)·세제일법위(世第一法位)로 나누고 있다. 이것을 '선(善)이 생기게 하는 네 개의 힘' 즉 '4선근(四善根)'이라고 한다.

제1위 자량위가 복덕과 지혜로써 내적인 역량을 키우는 단계라면, 가행위는 인식의 주관과 객관이 본래 존재하지 않음을 통찰하여 나와 너를 분별하는 습관을 자각한다. 그리고 그 습관을 제거하기 위해 노력하여 참된 유식의 도리를 깨닫는 단계이다. 지관(止觀) 수행이 가행위에서 행해진다.

이러한 수행을 해나가면서 심신이 경쾌해지고 난·정·인·세제일법이라는 4선근도 차례로 생겨 순결택분(順決擇分)에 들게 된다. 순결택분은 결단(決擇)하고 가려서 사유한다는 말로 번뇌가 없어진 곳으로 방향이 정해지는 단계를 말한다. 통달위에 이르기 위해 특히 애써서 수행하는 단계이다.

'4선근' 가운데 우선 '난위(煖位)'는 마음에 나타난 인식대상이 실체로서 존재하지 않음을 관찰하는 단계를 말한다. '난'은 따뜻하다는 의미이다. '공(空)'이라는 진리를 체득하는 지혜가 처음으로 나타나는 단계이다. 나무와 나무를 마찰하여 불을 피울 때, 불이 생기기 이전에 나무에 따뜻함이 느껴지듯이, 불로 번뇌를 태워 그것을 없애기 전의 단계를 표현한 것이다. 즉 번뇌를 태우는 '공'의 불길에 아직 닿진 않았지만, 그 따뜻함이 느껴지는 것을 말한다.

- '가행위'는 한층 더 수행에 힘을 쓰는 단계
- 『성유식론』에서는 '가행위'를 구체적으로 난위(煖位)·정위(頂位)·인위(忍位)·
  세제일법위(世第一法位)로 나누고 있다. 이것을 '선(善)이 생기게 하는 네 개의
  힘' 즉 '4선근(四善根)'이라고 한다.

- 가행위에서는 인식의 주관과 객관이 본래 존재하지 않음을 통찰하며 나와
너를 분별하는 습관을 자각. 그 습관을 제거하기 위해 노력하여 참된 유식의
도리를 깨닫는 단계이다.

- 지관(止觀) 수행이 가행위에서 행해진다.

- 수행을 해나가면서 심신이 경쾌해지고 난·정·인·
세제일법이라는 4선근도 차례로 생겨 순결택분(順決擇
分)에 들게 된다.
  ⊙ 순결택분은 결단[결택(決擇)]하고 가려서 사유한다는 말. 번뇌가 없어진
    곳으로 방향이 정해지는 단계

- 난위(煖位): 마음에 나타난 인식 대상이 실체로서 존재하지 않음을 관찰하는
단계.
  ⊙ '공'이라는 진리를 체득하는 지혜가 처음으로 나타나는 단계
  ⊙ 불이 생기기 이전에 나무에 따뜻함이 느껴지듯이, 불로 번뇌를 태워 그것을
    없애기 전의 단계를 표현한 것
  ⊙ 번뇌를 태우는 '공'의 불길에 아직 닿진 않았지만, 그 따뜻함이 느껴지
    는 것

가행위2, 4선근 _ 정위, 인위, 세제일법위

다음의 '정위(頂位)'는 관찰이 최고로 높아진 상태를 말한다. 욕심을 떠나는 마지막 단계에 도달한 것이다. 여기서 쉬지 않고 더욱 정진하면 가행위의 세 번째 단계인 '인위'에 이른다. 여기서 게으름을 피우면 난위로 다시 떨어진다고 한다.

'인위'란 선근이 확정되는 단계로서 인식대상(所取)이 실체로서 존재하지 않는다는 것을 확실히 이해하고, 이어서 인식주관(能取)도 실체로서 존재하지 않는다는 것을 이해하는 단계이다. 즉 '공'을 인식하는 지혜가 강해지는 단계이다. 여기서 더욱 정진하면 다음 단계인 세제일법위에 이르게 된다.

'세제일법위'란 아직 번뇌의 세계를 벗어나지 못했지만 그 세계에서 가장 뛰어나기 때문에 붙여진 명칭이다. 가장 뛰어난 범부의 지혜에 도달한 단계로서 가행위 가운데 가장 높은 경지이다. 인간 세상에서 가장 높은 단계를 말한다. 곧 인식대상과 인식주관이 모두 '공'이라고 명확하게 이해하는 단계이다. 세간(중생)의 단계에서 최고의 단계가 된다. '4심사관(四尋伺觀)'을 통해 '인식대상(명, 의, 자성, 차별)은 그것을 인식하는 마음을 떠나 존재하는 것이 아니며, 나아가 그 인식하는 마음 자체도 실체로서 존재하지 않는다.'고 여실히 아는 지혜 즉 '4여실지(四如實智)'를 증득하게 된다.

'가행위'에서는 '공'이라는 상(相)을 아직 띠고 있기 때문에 아직 깨달음을 증득한 상태가 아니다. 마음에 아직 분별이 남아 있는 단계이다. 그다음 단계가 성자의 경지인 견도(見道)이다.

- 정위(頂位): 관찰이 최고로 높아진 상태를 말한다.
  ⊙ 욕심을 떠나는 마지막 단계에 도달한 것
  ⊙ 쉬지 않고 더욱 정진하면 가행위의 세 번째 단계인 '인위'에 이른다.
  ⊙ 게으름을 피우면 난위로 다시 떨어진다고 한다.
- 인위(忍位): 인식 대상이 실체로서 존재하지 않는다는 것을 확실히 이해하고, 이어서 인식 주관도 실체로서 존재하지 않는다는 것을 이해하는 단계
  ⊙ 선근이 확정되는 단계
  ⊙ '공'을 인식하는 지혜가 강해지는 단계이다.
  ⊙ 여기서 더욱 정진하면 다음 단계인 세제일법위에 이르게 된다.
- 세제일법위(世第一法位): 인식 대상과 인식 주관이 모두 '공'이라고 명확하게 이해하는 단계.
  ⊙ 아직 번뇌의 세계를 벗어나지 못했지만 그 세계에서 가장 뛰어나기 때문에 붙여진 명칭
  ⊙ 세간[중생]의 단계에서 최고의 단계
  ⊙ '4심사관(四尋伺觀)'을 통해 '인식 대상[명, 의, 자성, 차별]은 그것을 인식하는 마음을 떠나 존재하는 것이 아니며, 나아가 그 인식하는 마음 자체도 실체로서 존재하지 않는다.'고 여실히 아는 지혜 즉 '4여실지(四如 實智)'를 증득

'가행위'에서는 '공'이라는 상(相)을 띠고 있으므로 아직 깨달음을 증득한 상태가 아니다.

가행위3, 4심사관·4여실지관

'난위'와 '정위'에서 행해지는 구체적인 수행을 '4심사관(四尋伺觀)'이라고 부른다. '4심사'란 인식대상을 네 가지로 나누어 이들은 '임시로 존재하는 것이며 실재하는 것이 아니다.'라고 살피고 사색하는〔尋伺〕 수행방법이다.

네 가지 인식대상은 명(名)·의(義)·자성(自性)·차별(差別)이다. '명(名)'은 인식대상을 일컫는 이름을 말한다. '의(義)'는 이름이 표현하는 의미〔대상〕를 말한다. '자성(自性)'은 '명'과 '의' 즉 이름과 의미 그 자체의 특성을 말한다. '차별(差別)'은 다른 것과의 차이를 말한다. 예컨대, "여기에 '사과'가 있다."라고 말할 경우, '사과'라고 표현한 것은 '명'이고, 사과라는 명칭이 표현한 '대상'은 '의'가 된다. 그리고 사과라고 부를 수 있는 자체의 성품, 즉 과일이며 새콤하고 달콤한 맛이 난다는 점이 사과의 '자성'이라고 할 수 있다. 그리고 사과에는 큰 것이 있고, 작은 것이 있으며, 둥글다거나 약간 납작한 것이 있듯이, 이 각각에 '차별'이 있다고 하는 것이다.

이 '4심사관'은 그 하나하나가 '자신의 마음이 만들어낸 것이며 마음을 떠나 마음 바깥에 실체로서 존재하는 것은 없다.'고 사색하여 관찰하는 관법이다. '난위'와 '정위'에서 '4심사관'을 닦고 '인위(忍位)'와 '세제일법위(世第一法位)'에서는 '4여실지관(四如實智觀)'을 닦는다. 4여실지관은 '4심사관'에서 닦은 것을 토대로, 대상뿐만 아니라 대상을 인식하는 '마음 자체'도 '실체로서 존재하지 않는다.'라고 여실히 아는 지혜, 즉 '4여실지(四如實智)'를 증득하는 수행이다.

- '4심사관(四尋伺觀)' : '난위'와 '정위'에서 행해지는 구체적인 수행
  ⊙ '4심사' : 인식 대상을 명(名), 의(義), 자성(自性), 차별(差別)로 나누
    어, 이들은 '자신의 마음이 만들어 낸 것이며, 임시로 존재하는 것이며,
    마음을 떠나 실체로서 존재하는 것이 아님'을 살피고 사색하는 수행 방법
    * '명(名)' : 인식 대상을 일컫는 이름을 말한다.
    예) 사과라는 명칭
    * '의(義)' : 이름이 표현하는 의미[대상]를 말한다.
    예) 사과라는 명칭이 표현한 대상
    * '자성(自性)' : '명'과 '의', 즉 이름과 의미 그 자체의 특성을 말한다.
    예) 사과라고 부를 수 있는 자체의 성품. 즉 새콤달콤한 맛이 나는 과일
    * '차별(差別)' : 다른 것과의 차이를 말한다.
    예) 사과에는 큰 것과 작은 것이 있으며, 둥글다거나 약간 납작한 것이
       있듯이 각각에 차별이 있다는 것이다.
- '4여실지관(四如實智觀)' : '인위(忍位)'와 '세제일법위(世第一法位)'
  에서 닦는다.
  ⊙ '4심사관'에서 닦은 것을 토대로 대상을 인식하는 '마음 자체'도
    '실체로서 존재하지 않는다.'라고 여실히 아는 지혜, 즉 '4여실지(四如實
    智)'를 증득

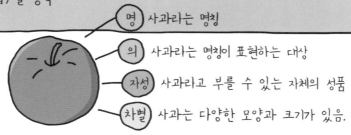

명 사과라는 명칭

의 사과라는 명칭이 표현하는 대상

자성 사과라고 부를 수 있는 자체의 성품

차별 사과는 다양한 모양과 크기가 있음.

통달위, 진여를 보는 단계

'통달위'란 깨달음의 입구에 도달했다는 뜻이다. '견도위(見道位)'에 해당한다. 그때까지 많은 노력이 쌓이고 쌓인 결과 처음으로 궁극적 진리[진여]를 보기 때문에 '견도'라고 한다. 마음에 비친 대상뿐만 아니라 그것을 바라보는 마음 또한 실체가 아니며 이 모두가 마음뿐임을 여실하게 보는 단계가 '통달위'이다. 공·무아의 진실과 일체가 되는 경지이다.

'견도(見道)'는 '진견도(眞見道)'와 '상견도(相見道)'로 나누어진다. '진견도(眞見道)'는 '가행위'에서 '사심사(四尋伺)'와 '사여실지(四如實智)'를 수행하여 인식주관[능취]과 인식대상[소취]이 모두 공임을 증득한 단계로서 '근본무분별지'를 일으켜 '진여'를 깨닫는 견도위이다.

'상견도(相見道)'는 '근본무분별지'를 얻은 후에 '무분별후득지'를 통해 깨달은 바를 자각하는 것이다. '무분별후득지'는 '진견도'인 '무분별'의 상태를 체험하고 깨어난 이후에 깊이 따져서 얻은 지혜이다. '근본무분별지' 이후에 얻은 지혜라고 해서 '무분별후득지'라고 부른다. '무분별후득지'에 의해 보살은 중생을 깨달음으로 이끌겠다는 서원을 세우고 이를 실천하게 된다.

- '통달위'란 깨달음의 입구에 도달했다는 뜻이다.
- 처음으로 궁극적 진리[진여]를 보기 때문에 '견도위'라고 한다.
- 마음에 비친 대상뿐만 아니라 그것을 바라보는 마음 또한 실체가 아니며
이 모두가 마음뿐임을 여실하게 보는 단계
- '견도(見道)'는 '진견도(眞見道)'와 '상견도(相見道)'로 나누어진다.

⊙ 진견도(眞見道): 인식주관과 인식대상이 모두 공임을 증득한 단계.
'근본무분별지'를 일으켜 '진여'를 깨닫는 견도위이다.
  ⊙ 상견도(相見道): '근본무분별지'를 얻은 후에 '무분별후득지'를
통해 깨달은 바를 자각하는 것이다.
✻ '근본무분별지' 이후에 얻은 지혜라고 해서 '무분별후득지'라고 부른다.
✻ '무분별후득지'에 의해 보살은 중생을 깨달음으로 이끌겠다는 서원을
세우고 이를 실천하게 된다.

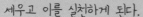

깨달음

수습위, 미세한 습기를 닦는 단계

'수습위'는 닦을 '수(修)', 익힐 '습(習)', 자리 '위(位)'로서 '반복해서 닦는 단계'를 말한다. 즉 '견도' 후 견도에서 끊을 수 없었던 미세한 번뇌를 차례로 끊어 가는 단계이다. 『성유식론』에서 수습위의 단계에서 수행할 수도의 단계를 10지(十地)로 나누고 있다. 10지에서 뛰어난 수행을 닦아서 무거운 장애를 끊고 진여를 깨닫는다고 하였다. '10지'는 환희지에서 법운지에 이르는 단계를 말한다. 이 각각의 10지에서 차례로 하나의 바라밀을 실천하여, 중장(重障)을 끊고 진여를 증득해 간다.05

---

05   '10지(十地)'에서 ①환희지(歡喜地)는 처음으로 범부의 성품을 끊고 성자의 성품을 얻어서 아공과 법공의 두 가지 공을 깨달아 자신과 남을 이익되게 하여 큰 기쁨이 생기는 단계이다. 그래서 '극희지'라고 한다. ②이구지(離垢地)는 청정한 계를 몸에 갖추어 번뇌를 멀리 떠난 단계이다. ③발광지(發光地)는 뛰어난 선정과 수승한 가르침인 다라니를 성취하여 뛰어나게 기묘한 지혜의 빛을 발하는 단계이다. ④염혜지(焰慧地)는 가장 뛰어난 보리분법에 안주하여 번뇌를 태우는 지혜의 불꽃이 점점 타오르는 단계이다. ⑤극난승지(極難勝地)는 진제와 속제를 서로 화합하여 상응하게 하는 단계이다. 진제와 속제를 서로 상응하게 하는 것은 지극히 어렵기 때문에 극난(極難)이라고 한다. ⑥현전지(現前地)는 무분별의 가장 뛰어난 지혜가 현전하는 단계이다. ⑦원행지(遠行地)는 공·무상·무아를 증득한 지혜의 마지막 단계이다. 세간과 이승(二乘)의 지혜를 멀리 떠났기 때문에 원행이라고 한다. ⑧부동지(不動地)는 무분별지가 작용하여 어떤 상·공용이나 번뇌에도 움직이지 않는 단계이다. ⑨선혜지(善慧地)는 선한 지혜가 구비되어 훌륭하게 법을 설할 수 있는 단계이다. ⑩법운지(法雲地)는 큰 법의 구름이 공덕의 물을 머금어 허공을 감추는 것과 같이 번뇌장과 소지장을 장애하여 법신을 충만하게 하는 단계이다.

- '수습위' : '견도'에서 끊을 수 없었던 미세한 번뇌를 차례로 끊어 가는 단계이다.

- 『성유식론』에서 수습위의 단계에서 수행할 수도의 단계를 10지(十地)로 나누고 있다. 십지에서 뛰어난 수행을 닦아서 무거운 장애를 끊고 진여를 깨닫는다고 하였다.

구경위, 완전한 경지

구경위란 궁구할 구(究), 다할 경(竟), 자리 위(位), 즉 '궁극의 경지에 이르다' 라는 의미이다. 소위 언어로 표현할 수 없는 붓다의 경지[단계]를 증득했다는 뜻이다. '번뇌장'과 '소지장'을 끊어 '열반'과 '보리'를 얻었다는 것이다.[06] [07]

---

06 '열반'은 다시 다음과 같이 네 가지로 나누어진다.
① 본래자성청정열반(本來自性淸淨涅槃) : 모든 존재의 궁극적 진리인 진여 그 자체 ② 유여의열반(有餘依涅槃) : 번뇌장을 끊어 나타나는 진여이지만, 아직 이 세상에 육체가 계속 존재하는 상태 ③ 무여의열반(無餘依涅槃) : 번뇌장을 끊어 나타나는 진여이며, 육체마저도 멸해버린 상태 ④ 무주처열반(無住處涅槃) : 소지장을 끊어 나타나는 진여이다. 대비(大悲)와 반야(般若)의 두 개의 도움을 받아 생사와 열반에 머무르지 아니하고, 사람들의 구제를 위해 계속 활동하는 상태. '보리(菩提)'는 유식사상, 넓게는 대승불교가 목표하는 궁극적 진리이다. 여기에는 4지(四智), 즉 성소작지(成所作智), 묘관찰지(妙觀察智), 평등성지(平等性智), 대원경지(大圓鏡智)가 각각 상응한다.

07 '번뇌장(煩惱障, kleśāvaraṇa)'은 아집(我執), 즉 인아견(人我見)으로 인해 생겨나는 번뇌를 말한다. 번뇌장에는 근본번뇌와 근본번뇌를 따라 일어나는[隨起] 수번뇌가 모두 포함된다. 이 근본번뇌와 수번뇌는 업을 일으키고 3계6도의 윤회를 반복하게 하는 등, 유정의 몸과 마음을 괴롭혀서 열반을 증득하는 것을 장애하는 번뇌들이기 때문에 번뇌장이라고 한다. '소지장(所知障, jñeyāvaraṇa)'은 법집(法執), 즉 법아견(法我見)으로 인해 생겨나는 번뇌를 말한다. 『성유식론』 제9권에는 악견(惡見)·의(疑)·무명(無明)·탐(貪)·진(瞋)·만(慢) 등의 번뇌가 알아야 할 바[所知], 즉 인식대상[所知]의 참다운 모습인 법공(法空)을 그대로 알지 못하게 하는 측면이 있는데, 번뇌의 이러한 측면 또는 이러한 번뇌들을 통칭하여 소지장(所知障) 또는 지장(知障)이라고 한다. 모든 번뇌에는 번뇌장의 측면과 소지장의 측면이 함께 존재한다. 즉 열반을 장애하는 측면과 지혜를 장애하는 측면이 함께 존재한다. 달리 말하면, 각각의 번뇌에 있어서 그것의 번뇌장과 소지장은 그 체(體), 즉 본질은 다르지 않지만 그 작용[用]에 있어서 차이가 있다.

- 구경위란 '궁극의 경지에 이르다.'라는 의미이다.

- 소위 언어로 표현할 수 없는 붓다의 경지[단계]를 증득했다는 뜻이다.

- '번뇌장'과 '소지장'을 끊어 '열반'과 '보리'를 얻었다는 것이다.

제 5 장
수행을 통한 마음의 변화

'전의', 마음의 질적인 변화

유가행파는 진리란 마음을 떠나서 존재하지 않는다고 본다. 요가행자들은 수행을 통해 마음이 그와 같은 본성이 되는 것을 목표로 한다. 유식에서는 이처럼 마음이 질적으로 변화하는 현상을 '전의(轉依, āśraya-parāvṛtti, āśraya-parivṛtti)'라고 표현한다. '전의'는 문자 그대로 소의(所依) 즉 의지처를 바꾼다(轉)는 것을 의미한다. 수행자가 능동적이고 적극적인 수행을 통해 번뇌에 오염된 8가지 식[전5식, 제6의식, 말나식, 알라야식]을 지혜로 변형시키는 것을 말한다.

심층의 '알라야식'에 있는 번뇌를 완전히 제거하여 마음이 청정한 상태로 변화하는 것을 말한다. '3성(三性)'의 관점에서 보면 '변계소집성'에서 '원성실성'으로 변화하는 것을 말한다. 일반인의 마음은 번뇌로 인해 자신이 보고 싶은 대로 보고 생각하고 싶은 대로 생각한다. 사태를 있는 그대로 보지 않는다. 즉 '변계소집성'의 세계에 있다. 이러한 인식작용을 변화시켜 사물을 진실하게 보는 능력, 즉 '지(智)'를 갖추기 위한 과정이 앞에서 살펴본 수행 5위(五位)이다. 수행은 '식'을 전환하여 지혜를 얻기 위한 과정이라 할 수 있다. 이를 통해 '원성실성'의 경지에 도달하는 것이다.

주목할 점은 유가행파에서는 '전의'를 크게 번뇌장 곧 아집을 끊고 열반을 증득할 때의 '전의'와 소지장 곧 법집을 끊고 보리를 증득할 때의 '전의'로 나눈다는 것이다. 그리고 이를 통칭하여 2전의(二轉依)라고 한다. 특히 후자의 '전의' 즉 소지장을 끊고 보리를 증득할 때의 '전의'가 붓다의 상태이며 진실한 전식득지(轉識得智)의 상태라고 한다.

'전의(轉依)': 마음의 질적인 변화

- 요가행자들은 수행을 통해 마음이 변화해서 그와 같은 본성이 되는 것을 목표로 한다.
- 유식에서는 이를 '전의(轉依, āśraya-parāvṛtti, āśraya-parivṛtti)' 라고 표현한다.
- '전의'는 심층의 '알라야식'에 있는 번뇌를 완전히 제거하며 청정한 상태로 변화하는 것.
- '전의'는 '3성(三性)'의 관점에서 보면 '변계소집성'에서 '원성실성'으로 변화하는 것.
- 유가행파에서는 '전의'를 크게 번뇌장을 끊고 열반을 증득할 때의 '전의'와 소지장을 끊고 보리를 증득할 때의 '전의'로 나눈다. 그리고 이를 통칭하여 2전의 (二轉依)라고 한다.

- 특히 소지장을 끊고 보리를 증득할 때의 '전의'가 붓다의 상태이며 진실한 전식득지(轉識得智)의 상태라고 한다.

전의 = 붓다 = 전식득지

'전식득지', '식'이 '지혜'로

『성유식론』에서는 '전의'의 성취, 즉 '전식득지(轉識得智)'가 유식학파의 목표라고 한다. '전식득지'는 '식(識)'이 '지(智)'로 변형되는 것을 말하는 것으로, '전의'를 달리 표현한 것이다. 곧 '식을 바꿔서 지를 증득한다.'이다. 전(轉)은 능동적으로 변화하는 것을 말하고, 득(得)은 증득 또는 성취를 말한다. 수행자가 적극적인 실천을 통해 번뇌로 오염되어 있는 8가지 '식'을 지혜로 변화시키는 것을 의미한다. 즉 자신의 존재 기반 자체가 허망한 '변계소집성'의 상태에서 진실한 상태인 '원성실성'으로 변화하는 것을 말한다.

'전식득지'는 구체적으로, '전5식'은 '성소작지(成所作智)'로, '의식'은 '묘관찰지(妙觀察智)'로 '말나식'은 '평등성지(平等性智)'로, '알라야식'은 '대원경지(大圓鏡智)'로 완전히 변하는 것을 말한다.

'전식득지'는 8가지 식이 정화되어 4지(四智)를 증득하는 것으로서 자신만을 고집하는 아집(我執)의 마음을 비우는 것을 의미한다. 또한 현상계의 모든 것은 인연에 의해 형성되는 것임에도 불구하고 하나하나에 실체가 있다고 집착해서 탐욕을 일으키는 법집의 마음을 비운 경지이다.

제6의식과 제7말나식이 각각 '묘관찰지'와 '평등성지'로 전환되는 것은 점진적으로 이루어진다고 한다. 즉, '묘관찰지'와 '평등성지'는 통달위(通達位)에서 일부(一分)가 증득되고, 이후의 10지(十地) 중에서 점차 닦아서 불과(佛果)에 이르러 그 전체(全分)가 증득된다. 한편 알라야식과 전5식은 성불할 무렵에 단박에 각각 '대원경지'와 '성소작지'로 전환된다고 한다.

'전식득지(轉識得智)': '식'이 '지혜'로

− 『성유식론』에서는 '전의'의 성취, 즉 '전식득지'가 유식학파의 목표라고 한다.
− '전식득지'는 '식(識)'이 '지(智)'로 변형되는 것을 말하는 것으로, '전의'를 달리 표현한 것이다.
  ⊙ '식을 바꿔서 지를 증득한다.'
  ⊙ '전(轉)'은 능동적으로 변화하는 것을 말하고, '득(得)'은 증득 또는 성취를 말한다.
  ⊙ '전식득지'는 수행자가 적극적인 실천을 통해 번뇌로 오염되어 있는 8가지 '식'을 지혜로 변화시키는 것
  ⊙ 자신의 존재 기반 자체가, 허망한 '변계소집성'의 상태에서 진실한 상태인 '원성실성'으로 변화하는 것
− 구체적으로, '전5식'은 '성소작지(成所作智)'로, '의식'은 '묘관찰지(妙觀察智)'로, '말나식'은 '평등성지(平等性智)'로, '알라야식'은 '대원경지(大圓鏡智)'로 완전히 변하는 것이다.
− 묘관찰지와 평등성지는 통달위(通達位)에서 일부[一分]가 증득되고, 이후의 10지(十地) 중에서 점차 닦아서 불과(佛果)에 이르러 그 전체[全分]가 증득된다.
− 알라야식과 전5식은 성불할 무렵에 단박에 각각 대원경지와 성소작지로 전환된다고 한다.

'전5식'은 '성소작지'로

'성소작지'는 눈·귀·코·혀·피부 등의 다섯 가지 감각기관으로 느끼는 '전5식'이 변화되어 나타나는 '지(智)'이다. '성소작지'란 '해야 할 것을 성취한 지'라는 뜻이다. 즉, 다섯 가지 감각기관으로 행하는 일을 올바로 이루도록 하는 지혜이기 때문에 '성소작지'라고 한 것이다.

앞에서 말했듯이, '전5식'은 다섯 가지 감각기관을 바탕으로 생겨나는 마음의 작용이다. 일상생활 속에서 사람들은 어떤 것을 볼 때 자기가 좋아하는 것을 위주로 본다. 유식에서는 수행을 통해 '구경위'에 이르게 되면, 자기중심으로 '전5식'을 사용하기보다 타인을 위해 '전5식'을 사용하게 된다고 한다.

예컨대, 우리는 살아가면서 눈(안식)은 내게 필요한 것 또는 아름다운 것에, 귀(이식)는 내가 듣고 싶은 아름다운 소리에, 코(비식)는 좋은 향기에, 혀(설식)는 맛있는 것에, 촉(신식)은 부드럽고 좋은 감촉에 이끌린다. 우리가 사용하는 다섯 가지 감각기관은 나 자신이 원하는 것에 대해 작용한다. '성소작지'는 자신을 위해 오감(五感)을 사용하는 것이 아니라 다른 사람을 위해 사용하게 된다는 것이다. 즉 5가지 감각기관으로 느끼는 전5식(前五識)이 변하여(轉識) 다른 사람을 위해 사용하는 지혜를 얻게 된다는 것이다.

- '성소작지'는 '전5식'이 변화되어 나타나는 '지(智)'이다.
- '성소작지'란 '해야 할 것을 성취한 지'라는 뜻이다.
즉, 다섯 가지 감각기관으로 행하는 일을 올바로 이루도록 하는 지혜를 말한다.

- '성소작지'는 자신을 위해 오감(五感)을 사용하는 것이 아니라 다른 사람을
위해 사용하게 된다는 것이다.
- 즉 오감이 전식(轉識)하여 다른 사람을 위해 사용하는 지혜를 얻게 된다는 것이다.

'의식'은 '묘관찰지'로

'묘관찰지'란 수행을 통해 제6식인 '의식(意識)'이 변하여 이루어지는 지혜이다. '묘관찰지'는 모든 법의 실제 모습을 '묘하게 관찰하여 중생의 의혹을 끊는 데 사용하는 지혜'라는 뜻이다. 여기서 '묘하게 관찰하는 지혜'라는 것은 모든 것을 사실 그대로 관찰하는[여실지견] 지혜를 말한다. 연기의 원리에 의해 연결된 존재의 실상을 있는 그대로 관찰하는 지혜이다. 여실지견(如實知見)하게 대상을 관찰하면 대상의 본질이 나타난다는 것이다.

불교에 따르면, 제6식에 의해 생겨나는 문제는 연기의 원리에 의해 연결된 대상을 여러 조각으로 잘라서 판단하고 의미를 부여하는 것에서 비롯된다고 할 수 있다. 제6의식은 선과 악, 아름다움과 추함, 늙음과 젊음, 행복과 불행, 삶과 죽음 등과 같은 상대개념을 만들고 마음에 나타난 대상을 그 개념으로 표현한다. 얼굴이 예쁘다는 기준은 시대와 지역에 따라 다르다. 더욱 예뻐지고 싶은 욕망은 사회구성원들이 의미를 부여하는 틀에 맞추고자 성형하는 결과를 낳는다. 하지만 다른 관점에서 볼 때 사람의 얼굴은 모두 꽃처럼 예쁘다고 할 수 있다. 건강하고 마음이 편안할 때 활짝 핀 꽃처럼 얼굴에서 아름다움이 뿜어져 나온다. 예쁘다고 하는 것, 추하다고 하는 것은 인간이 정한 개념이자 틀이다. 사람들은 스스로 그렇게 의미를 부여하고 그것에 얽매여 번뇌에 휩싸일 뿐이다.

'묘관찰지'란 온갖 존재의 모습은 나 자신이 의미를 부여한 상태로 나타난다는 것을 자각하고 관찰하여 존재 자체를 있는 그대로 볼 수 있는 지혜를 말한다.

- '묘관찰지'란 제6식인 '의식(意識)'이 변하여 이루어지는 지혜이다.

- 모든 법의 실제 모습을 '묘하게 관찰하여 중생의 의혹을 끊는 데 사용하는 지혜'라는 뜻이다.

- '묘하게 관찰하는 지혜'라는 것은 '모든 것을 사실 그대로 관찰하는[여실 지견] 지혜'를 말한다.

- 여실지견(如實知見)하게 대상을 관찰하면, 대상의 본질이 나타난다는 것이다.

묘하게 관찰하는 지혜란 무엇이죠?

어떠한 거름망도 없이 있는 그대로 받아들이는 것입니다.

'말나식'은 '평등성지'로

'평등성지(平等性智)'란 '말나식을 변화시켜 성취한 지혜'로 자타(自他)뿐만 아니라 존재하는 모든 것을 평등하게 보는 지혜를 말한다. 앞에서 살펴본 바와 같이 제7식은 원래 나와 남에 대한 구별이 바탕에 깔린 의식이다. 우리가 나 자신과 타인, 남자와 여자, 인간과 동물 등을 구별하여 인간 중심 또는 나를 중심으로 차별하고 지배하려고 하는 작용이 '말나식'에서 비롯된다고 본다.

제7식은 자기를 중심으로 항상 생각하기 때문에 제6의식이 사물에 대해 판단할 때 제대로 볼 수 없게 만든다. 타인의 허물은 크게 보이고 자신의 잘못은 불가피한 이유가 있다고 여기며 작게 보려고 한다. 남이 겪게 되는 고통에 대해서는 관심을 가지지 않으려 하고, 자신의 고통은 크게 부풀려 억울하게 당했다고 자기를 중심으로 해석하려고 한다. 나아가 내 자식, 내 가족을 중심으로 생각하며 타인의 자식, 타인의 가족을 외면하는 마음의 작용은 나와 남에 대한 구별을 기반으로 두고 나타나는 작용이라고 할 수 있다.

'평등성지'는 이런 차별하는 세계를 벗어난 지혜이다. 수행을 통해, 나를 중심으로 생각하는 작용이 사라지면 일체가 평등함을 보고, 타인에 대한 자비가 생겨난다. 차별적인 견해를 대자비심(大慈悲心)으로 바꾸기 때문에 이타적인 평등한 지혜가 발현된다고 본다. '평등성지'는 모든 살아있는 존재를 평등하게 여기고 자비로운 행동을 일으키게 하는 지혜라고 정의되고 있다.

- '평등성지(平等性智)'란 '말나식을 변화시켜 성취한 지혜'를 말한다.

- 자타뿐만 아니라 존재하는 모든 것을 평등하게 보는 지혜를 말한다.

- 제7식인 말나식은 원래 나와 남에 대한 구별이 바탕에 깔린 의식이다.

- '평등성지'는 이런 차별하는 세계를 벗어난 지혜이다.

- 수행을 통해, 일체가 평등함을 보고, 차별적인 견해를 대자비심(大慈悲心)으로 바꾸기 때문에 이타적인 평등한 지혜가 발현된다고 본다.

'알라야식'은 '대원경지'로

'대원경지(大圓鏡智)'는 마음 깊은 곳에 있는 제8식인 '알라야식'이 변화하여 얻는 지혜이다. '알라야식'에 있는 '번뇌장'과 '소지장'과 같은 모든 번뇌를 완벽히 깨끗하게 제거하여 나타나는 지혜로서 '크고 원만한 거울과 같은 지혜'라는 뜻이다. 즉, 한 점의 티끌도 없는 맑은 거울에 모든 현상이 그대로 비치는 것과 같이 원만하고 분명한 지혜이므로, '크고 원만한 거울과 같은 지혜'라고 한 것이다.

유식학에 따르면, 우리가 일상생활 속에서 생각하고 행동하고 말로 표현하는 작용은 과거에 자신이 쌓은 업이 제8식에 종자로 저장되었다가 그것이 현현하면서 생겨나는 현상이다. 현재 짓는 업은 다시 제8식인 알라야식에 쌓여, 미래에 그 종자에 의해 인식의 작용이 생겨난다고 해석하고 있다. 우리가 생각하고 판단하는 작용은 사물을 있는 그대로 보지 않고 우리 자신이 만들어 놓은 업의 결과에 따라 나타나는 현상이라는 것이다.

수행을 통해 이러한 종자가 소멸되면서 거울에 사물이 비쳐진 것처럼 있는 그대로 보는 지혜가 '대원경지'이다. 나에게 나타나는 인식대상은 내가 만나는 사람, 내게 필요한 물건, 나를 둘러싼 자연, 사회적 관계, 사건 등등이라 할 수 있다. 이러한 인식대상에 대해 있는 그대로 보고, 이해할 수 있기란 매우 어렵다. 유식학에서는 수행을 통해 마음이 근본적으로 변화하면서 '대원경지'로 바라볼 때 자유롭고 행복한 삶이 펼쳐진다고 보고 있다.

- '대원경지(大圓鏡智)'는 심연에 있는 '알라야식'이 변화하여 얻는 지혜이다.

- '알라야식'에 있는 '번뇌장'과 '소지장'과 같은 모든 번뇌를 완벽히 깨끗하게 제거하여 나타나는 지혜로서, '크고 원만한 거울과 같은 지혜'라는 뜻이다.

- 한 점의 티끌도 없는 맑은 거울에 모든 현상이 그대로 비치는 것과 같이 원만하고 분명한 지혜이므로, '크고 원만한 거울과 같은 지혜'라고 한 것이다.

제 6 장
유가행파의 사상가

유가행파

유식유가행파는 '요가 실천을 바탕으로 유식설(唯識說)을 펼친 학파'이다. 유식사상을 설한 최초의 경전은 『해심밀경』이다. 이 책의 성립은 용수(龍樹, Nāgārjuna, 150년경~250년경?)가 입멸한 후 얼마 되지 않은 시기 즉 기원후 300년 전후로 본다. 그 뒤 기원후 4~5세기에 걸쳐 유가행파의 개조인 미륵(彌勒, 270~350년? 350~430년?), 유식학을 체계화한 무착(無着, Asaṅga, 300~390), 세친(世親, Vasubandhu, 316~396?)에 의해 유식사상의 조직적인 정리와 발전이 이루어졌다.

현대학자들은 인도 유식학을 총 3기로 나눈다. 제1기는 미륵과 무착의 유식학이고, 제2기는 세친의 유식학이며, 제3기는 10대논사(論師)의 유식학이다. 10대논사는 세친의 『유식삼십송』에 대해 주석서를 저술한 사람들로서 호법(護法, 530~561), 덕혜(德慧, 5c말~6c초), 안혜(安慧, 510년경~570년경), 친승(親勝, 4~5c), 난타(難陀, 6c경), 정월(淨月, 6c경), 화변(火辨, 5c경), 승우(勝友, ?~?), 최승자(最勝子, ?~?), 지월(智月, ?~?) 등이다.

이외에도 인도 후기 유식학자로 분류되고 있는 디그나가(Dignāga, 陳那, 480년경~540년경)와 다르마끼르띠((Dharmakīrti, 法稱, 600~660)가 있다. 이들은 유식학을 기반으로 한 논리학을 치밀하게 발전시켰다.

인도의 유식학은 중국, 한국, 일본으로 전파되어 『십지경론』을 소의 논서로 하는 지론종(地論宗), 『섭대승론』을 소의 논서로 하는 섭론종(攝論宗), 『성유식론』을 소의 논서로 하는 법상종(法相宗: 자은종·유식종) 등을 형성하기도 하였다.

유식유가행파는 '요가 실천을 바탕으로 유식(唯識) 설을 펼친 학파'이다.

유식사상을 설한 최초의 경전은 『해심밀경』이다. 이 책의 성립은
용수(龍樹, Nāgārjuna, 150~250?)가 입멸한 후 얼마 지나지 않은 시기,
즉 기원후 300년 전후로 본다.

그 뒤 유식사상의 조직적인 정리와 발전은 기원후 4~5세기에 걸쳐
미륵(彌勒, 270~350? 또는 350~430?), 무착(無着, Asaṅga, 300~390),
세친(世親, Vasubandhu, 316~396?)에 의해 확립되었다.

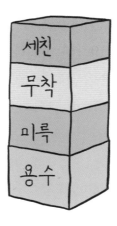

유가행파의 시조, 미륵보살

미륵(彌勒, 270~350년? 350~430년?)은 대승불교 유식사상의 창시자로서 다양한 문헌을 지었으며 특히 무착(無著, Asaṅga, 300~390?)이 그의 제자로 알려져 있다. 그런데 미륵의 실존 여부에 대해 학자들 사이에 이견(異見)이 있다. 여기에는 미륵이 그의 제자인 무착이 수행 중에 본 신앙의 대상이라는 주장과 미륵이 실존 인물이라는 주장이 존재한다.

우선, 실존 인물이 아니라는 주장은 인도·중국·티베트의 다양한 문헌에, '무착이 선정에 들어 신통력을 얻고, 도솔천에 올라가 거기에 머무는 미륵보살을 만나서 가르침을 받았다.'는 취지의 글이 있는 것을 근거로 삼는다. 즉 미륵은 무착이 선정 중에 마음속에 나타난 영상이며, 무착이 경험한 신비체험의 결과일 뿐이라는 것이다. 이 주장에 대해 대승불교에서 새롭게 드러난 유가행파 학설이 그 정당성을 인정받기 위해서 미륵이라는 이상적인 인물이 필요했을 것이라는 해석이 있다.

이와는 달리, 1921년 우이하쿠주(宇井伯壽, 1882~1963) 박사는 '역사적 인물로서의 미륵설'을 주장하고, 그의 생존연대를 기원후 270~350년경이라고 추정했다. 그는 미륵은 무착의 스승이며 역사적인 인물이라고 주장하였다. 대부분 실존 인물이었다고 주장하는 사람들은 미륵의 저술이었다고 하는 『유가사지론(瑜伽師地論)』 등을 비롯한 다양한 저술들을 보고 미륵이 실존 인물이었다고 주장한다.

그 뒤 미륵에 대한 이러한 설에 대해 많은 찬반양론이 일어났고, 이 문제에 관한 결론은 나지 않은 상태이다.

유식사상을 창시한 사람은 미륵(彌勒, 270~350? 350~430?)이다.

— 학자들 사이에 미륵이 실존 인물인지 아니면 무착이 수행 중에 본 신앙의 대상인지에 대해서 여러 의견이 있다.
— 실존 인물이 아니라는 주장
  ⊙ 인도·중국·티베트의 다양한 문헌에, "무착이 선정에 들어 신통력을 얻고, 도솔천에 올라가 거기에 머무는 미륵보살을 만나서 가르침을 받았다."는 취지의 글이 있는 것을 근거로 삼는다.
  ⊙ 미륵은 무착이 선정 중에 마음속에 나타난 영상이며, 무착이 경험한 신비체험의 결과일 뿐이라는 것

— 역사적 인물로서의 미륵설을 주장
  ⊙ 1921년 우이하쿠주(宇井伯壽, 1882~1963) 박사는 미륵이 무착의 스승이며 역사적인 인물이라고 주장하였다.

— 이 문제에 관한 결론은 아직 나지 않은 상태이다.

미륵의 저서

유식학 관련 논서의 최초 저자는 미륵(彌勒)이며, 현재에도 미륵이라는 이름으로 많은 저술이 남아 있다. 보다 구체적으로 살펴보면, 중국으로 전승된 미륵의 저서로『유가사지론(瑜伽師地論)』,『분별유가론(分別瑜伽論)』,『대승장엄경론(大乘莊嚴經論)』,『중변분별론(中邊分別論)』,『금강반야밀경론(金剛般若蜜經論)』등이 있으며, 이것을 미륵의 5법이라 한다. 티베트로 전해진 논서로는 앞의 5법 이외에『법법성분별론(法法性分別論)』,『현관장엄론(現觀莊嚴論)』,『구경일승보승론(究竟一乘寶性論)』등이 있다.

미륵의 대표적인 저작으로『유가사지론』,『중변분별론』,『대승장엄경론』,『법법성분별론』등을 들 수 있다. 이 중 특히『유가사지론』은 유식사상의 가장 근원적인 이론을 담고 있으며 100권에 달한다. 그런데『유가사지론』의 티베트 번역에는 저자가 무착으로 되어 있고, 또 내용으로 보아도 앞의 세 논서〔『중변분별론』,『대승장엄경론』,『법법성분별론』〕와 다르기 때문에 미륵의 저작으로 판정하는 데에는 의문의 여지가 있다. 반면, 이 세 논서에는 모두 '허망분별(虛妄分別, abhūta parikalpa), 소취(所取, grāhya), 능취(能取, grāhaka), 현현(顯現, pratibhāsa, ābhāsa)이라는 네 개념이 많이 사용되고, 또한 이들 네 개념에 근거한 공성설(空性說)이나 3성설(三性說)에도 사상적으로 공통점이 있다고 인정되고 있다.

미륵이라는 인물의 실재 여부를 별도로 하면『중변분별론』,『대승장엄경론』,『법법성분별론』의 논서는 동일 인물에 의해서 쓰여진 것이고, 초기 유식사상을 알 수 있는 귀한 문헌이라고 평가되고 있다.

- 유식학 관련 논서의 최초 저자는 미륵(彌勒)이며, 현재에도 미륵이라는 이름으로 많은 저술이 남아 있다

  ◉ 중국으로 전승된 미륵의 저서로 『유가사지론(瑜伽師地論)』, 『분별유가론 (分別瑜伽論)』, 『대승장엄경론(大乘莊嚴經論)』, 『중변분별론(中邊分 別論)』, 『금강반야밀경론(金剛般若蜜經論)』 등이 있다.

  ◉ 티베트로 전해진 논서로는 앞의 5가지 이외에 『법법성분별론(法法性分別論)』, 『현관장엄론(現觀莊嚴論)』, 『구경일승보성론(究竟一乘寶性論)』 등이 있다.

- 이 가운데 미륵의 대표적인 저작으로 『유가사지론』, 『중변분별론』, 『대승장엄경론』, 『법법성분별론』 등을 들 수 있다.

  ◉ 특히 『유가사지론』은 유식사상의 가장 근원적인 이론을 담고 있으며 100권에 달한다.

  ◉ 『유가사지론』은 티베트어 번역에는 무착의 저술로 되어 있고, 또 내용을 보아도 『중변분별론』, 『대승장엄경론』, 『법법성분별론』의 세 논서와 다르기 때문에 미륵의 저작으로 판정하는 데에는 의문의 여지가 있다.

- 반면, 이 세 논서에는 모두 허망분별(虛妄分別, abhūta parikalpa), 소취(所取, grāhya), 능취(能取, grāhaka), 현현(顯現, pratibhāsa, ābhāsa)과 같은 개념이 사용되고 있으며, 또한 이들 개념에 근거한 3성설(三性說)이 기술되어 있다. 즉 세 논서는 공통의 사상을 보이고 있다.

- 미륵이란 인물의 실재 여부를 별도로 하면, 『중변분별론』, 『대승장엄경론』, 『법법성분별론』의 세 논서는 동일 인물에 의해서 쓰인 것으로 볼 수 있다. 이 논서들은 초기 유식사상을 보여주는 귀중한 문헌이다.

유식학을 체계화한 무착

유식 사상을 발전시킨 인물은 무착(無著, Asaṅga, 300~390?)과 세친(世親, Vasubandhu, 316~396?) 두 형제였다. 현장(玄奘, 602~664)의 『대당서역기』나 진제(眞諦, 499~569)의 『바수반두법사전』에 의하면, 무착은 인도 북서지방 간다라국의 브라만 집안에서 3형제의 맏이로 태어났다. 둘째는 세친(世親, Vasubandhu, 316~396?)이며, 셋째가 비린지발바(比隣持跋婆, Viricivatsa)이다. 비린지발바는 후에 설일체유부에 출가하였다고 전해진다.

무착은 성장하여 상좌부불교(『바수반두법사전』에 의하면 설일체유부, 『대당서역기』에 의하면 화지부)로 출가하여 열심히 수행 정진하였으나, 이에 만족하지 않고 미륵으로부터 대승의 공관을 배우고 크게 깨달았다고 한다. 여러 전기에서는 무착과 미륵의 관계를 신화적으로 묘사하고 있다. 즉 무착이 대신통력으로 도솔천에 가서 미륵에게 가르침을 청했다고 한다.

한편 무착은 그의 친동생인 세친이 대승을 비방한다는 소식을 접하고, 동생에게 대승의 가르침을 설하여 대승으로 귀의시켰다고 한다.

무착의 대표 저작으로는 '대승(大乘)을 포괄〔섭(攝)〕한 논서〔논(論)〕'라는 제목의 『섭대승론』이 있다. 『섭대승론』은 제목명과 같이 대승사상을 일목요연하게 총정리한 유식 사상의 대표적인 논서이다. 무착의 최대 공헌은 『섭대승론』을 지어 유식 사상을 체계적인 교리로 정리해 낸 것이다. 그에 의해 체계화된 유식 교리는 후에 동생인 세친에 의해 더욱 발전된다. 무착의 저서는 이 외에도 『아비달마집론』, 『유가사지론』의 요지를 해설한 『현양성교론』, 『중론』의 부분 주석인 『순중론』, 『금강반야경론』 등이 있다.

- 현장(玄奘, 602~664)의 『대당서역기』나 진제(眞諦, 499~569)의 『바수반두법사전』에 의하면, 무착(無著, Asanga, 300~390?)은 인도 북서지방 간다라국의 브라만 집안에서 3형제의 맏이로 태어났다.
- 둘째는 세친(世親, Vasubandhu, 316~396?)이며, 셋째가 비린지발바(比隣持跋婆, Viricivatsa)이다. 비린지발바는 후에 설일체유부에 출가하였다고 전해진다.

유식사상을 발전시킨 인물은 무착과 세친 두 형제였다.

- 무착은 성장하여 상좌부불교[『바수반두법사전』에 의하면 설일체유부, 『대당서역기』에 의하면 화지부]로 출가하여 열심히 수행 정진하였다. 그러나 무착은 이에 만족하지 않고 미륵으로부터 대승의 공관을 배운 후 크게 깨달았다고 한다.
- 여러 전기에서는 무착과 미륵의 관계를 신화적으로 묘사하고 있다. 즉 무착이 대신통력에 의해 도솔천에 가서 미륵에게 가르침을 청했다고 한다.
- 한편 무착은 그의 친동생인 세친이 대승을 비방한다는 소식을 접하고, 동생에게 대승의 가르침을 설하여 대승으로 귀의시켰다고 한다.
- 무착의 최대 공헌은 『섭대승론』을 지어 유식사상을 체계적인 교리로 정리해 낸 것이다. 그에 의해 체계화된 유식 교리는 후에 동생 세친에 의해 더욱 발전된다.
- 무착의 저서로는 이 외에도 『아비달마집론』, 『유가사지론』의 요지를 해설한 『현양성교론』, 『중론』의 부분 주석인 『순중론』, 『금강반야경론』 등이 있다.

무착

유식사상

세친

유식학을 꽃피운 세친

세친(世親, Vasubandhu, 316~396?)은 유식 사상을 더욱 발전시킨 자이다. 앞에서 살펴보았듯이, 세친의 친형인 무착은 일찍이 대승불교에 출가하여 유식 교리를 체계적으로 정리했다. 세친은 무착의 설득으로 대승불교로 전향하여 수많은 대승불교의 논서와 대승경전에 대한 주석을 남겼다.

세친이 대승불교로 전향하기 전에 지은 책으로 『구사론』이 있다. 이것은 세친이 설일체유부에 출가하여 경량부의 입장에서 설일체유부의 사상을 정리한 것으로 유명하다. 세친은 이후 수많은 저서를 남긴 유명한 학승이었다. 유식 계통의 대표적인 저작으로는 유식무경을 논증한 『유식이십론』, 유식 사상을 30개의 게송으로 총정리한 『유식삼십송』, 친형 무착이 지은 『대승장엄경론』을 주석한 『대승장엄경론석』, 변계소집성·의타기성·원성실성의 3성설을 체계적으로 정리한 『삼성론』, 심소에 대해 설명한 『오온론』 등이 있다. 이러한 방대한 저작 때문에 서양의 불교학자들 중에는 역사적으로 세친보살은 두 사람이라는 '세친 2인설'이 제기되기도 한다. 반면 일본의 학자들은 '세친 1인설'을 주장한다.

세친의 『유식삼십송』은 중국의 법상종이 성립되는 데 중요한 역할을 한다. 그는 『유식삼십송』 해설은 남기지 않았기 때문에, 후에 많은 논사들이 그에 대한 주석을 남긴다. 현장(玄奘)은 『유식삼십송』 주석가 중에 10명의 논사, 즉 '10대논사'를 중국에 소개한다. 그중에 현장은 호법(護法, 530~561)의 학설을 정설로 인정하였으며, 호법의 이론은 법상종의 창시자 자은대사 규기(窺基, 632~682)에게로 이어진다.

세친(世親, Vasubandhu, 316~396?)은 유식 사상을 더욱 발전시킨 자이다.

— 세친이 대승불교로 전향하기 전에 지은 책으로 『구사론』이 있다.
이것은 세친이 설일체유부에 출가하며 경량부의 입장에서 설일체유부의
사상을 정리한 것으로 유명하다.

— 세친의 대표적인 저작으로는 『유식이십론』, 『유식삼십송』,
『대승장엄경론석』, 『삼성론』, 『오온론』 등이 있다. 이러한 방대한
저작 때문에 서양의 불교학자들 중에는 역사적으로 세친보살은 두 사람이라는
'세친 2인설'이 제기되기도 한다. 반면 일본의 학자들은 '세친 1인설'을
주장한다.

— 세친의 『유식삼십송』은 특히 중국의 법상종이 성립되는 데 중요한 역할을
하게 된다.

내가 쓴 유식삼십송은
중국 법상종 성립에 큰
바탕이 되었지.

안혜 논사와 호법 논사

『유식삼십송』에 대해 주석을 시도한 논사로 호법(護法, Dharmapāla, 530~561), 덕혜(德慧, Gunamati), 안혜(安慧, Sthiramati), 친승(親勝, Bandhuśri), 난타(難陀, Nanda), 정월(淨月, Śuddhacandra), 화변(火辨, Citrabhāna), 승우(勝友, Visesamitra), 최승자(最勝子, Jinaputra), 지월(智月, Jñānacandra) 10인의 이름이 전해진다. 이들을 합하여 유식의 10대 논사라고 한다.

이 가운데 덕혜와 안혜의 사상은 진제(眞諦)에 의해 일부가 중국에 도입되는데, 이를 기반으로 '섭론종(攝論宗)'이 성립된다. 안혜는 유식과 인명(因明) 그리고 상좌불교에도 통달하여 『아비달마구사론』에 대한 주석을 지었다. 이것은 현재 티베트역만이 존재한다. 그의 『유식삼십송석론』과 『중변분별론석소』는 산스끄리뜨본이 현존한다. 그리고 『대승장엄경론』에 대한 주석이 티베트 역으로 전해지고 있다. 안혜는 무상유식계의 논사였다.

다른 한편, 호법은 세친 이후의 최대 논사로서 유상유식계의 대성자이다. 호법의 문하에 수많은 제자가 배출되었는데, 그 가운데 한 사람인 계현(戒賢, Śīlabhadra, 529~645)에게서 배웠던 현장에 의해 호법의 사상이 중국으로 전해져 법상종의 사상적 기반이 된다. 현장은 『유식삼십송』에 대한 10대 논사의 해석 가운데 호법의 해석을 정설로 삼고 이를 기반으로 『성유식론』을 짓게 된다.

『유식삼십송』에 대해 주석을 시도한 논사로 10인의 이름이 전해진다. 이들을 합하여 유식의 10대 논사라고 한다.

– 이 가운데 덕혜(德慧, Gunamati, 5세기 후반~6세기 전반), 안혜(安慧, Sthiramati, 475~555)의 사상은 진제(眞諦)에 의해 일부가 중국에 도입되는데, 이를 기반으로 '섭론종(攝論宗)'이 성립된다.

– 안혜의 저서는 『아비달마구사론』에 대한 주석, 『유식삼십송석론』, 『중변분별론석소』, 『대승장엄경론』에 대한 주석이 전해지고 있다. 안혜는 무상유식계의 논사였다.

– 호법(護法, Dharmapala, 530~561)은 세친 이후의 최대 논사로서 유상유식계의 대성자이다. 현장에 의해 호법의 사상이 중국으로 전해져 법상종의 사상적 기반이 된다. 현장은 호법의 제자 가운데 한 사람인 계현(戒賢, Śilabhadra, 529~645)에게 배웠다.

삼장법사 현장

만화영화로 대중에게 알려진 '손오공과 삼장법사'는 『서유기』에 나온 이야기를 기반으로 한다. 손오공, 저팔계, 사오정과 함께 인도로 붓다의 가르침을 구해 떠나는 '삼장법사(三藏法師)'가 바로 현장(玄奘, 602~664)이다. 『서유기』는 7세기경 당나라 시대에 살던 현장을 모델로 한 소설로서 16세기 명나라 때 만들어진 것이다.

현장이 활동하던 중국에는 이미 많은 불교경전들이 한자로 번역되어 있었다. 현장은 한문 불교 경전의 그 내용에 대해 의문을 가지게 되어 결국 빨리어와 산스끄리뜨 원전을 배우기 위해 인도로 유학을 떠나게 된다. 중국에서 인도로 가는 길은 매우 험난한 여정이었다. 장안을 출발하여 인도에 이르는 현장의 행로는 그가 저술한 여행기인 『대당서역기』에 잘 나타나 있다. 현장은 서역(西域)의 쿠차와 투르판 등을 거쳐 인도의 나란다(Nālandā) 사원에 들어간다. 나란다 사원은 인도 굽타 왕조 후반기[5세기경~12세기] 불교교학의 중심지였다. 이 사원은 당시 인도 바깥에까지 알려져서 아시아 각지로부터 여러 학승(學僧)들이 공부하러 왔다.

현장은 18년간의 유학생활을 마치고 당나라로 귀국하면서 산스끄리뜨본 경전 657부를 가져왔다. 그는 죽을 때까지 그 경전을 번역하는 데 몰두했다고 한다. 중국불교 번역사에서 현장의 번역을 구마라집(鳩摩羅什, 344~413)이나 진제(眞諦, Paramārtha, 499~569)와 비교하여 신역(新譯)이라고 한다. 새롭게 번역하였다는 의미이다. 반면, 구마라집과 진제의 번역을 옛 번역이라 하여 구역(舊譯)이라고 부른다.

만화영화로 대중에게 알려진 '손오공과 삼장법사'는 『서유기』에 나온 이야기를 기반으로 한다.

- 손오공, 저팔계, 사오정과 함께 인도로 붓다의 가르침을 구해 떠나는 '삼장법사(三藏法師)'가 바로 현장(玄奘, 602~664)이다.

- 7세기 무렵 현장이 활동하던 중국에는 이미 많은 불교경전들이 한자로 번역되어 있었다.

- 현장은 한문 불교 경전을 읽으면서 그 내용과 계율에 대해 의문을 가지게 되어 결국 팔리어와 산스크리트 원전을 통해 그 의문을 풀기 위해 인도로 유학을 떠나게 된다.

- 현장은 서역(西域)을 거쳐 인도의 나란다(Nalanda) 사원에 들어가게 된다. 나란다 사원은 인도 굽타 왕조 후반기[5세기경~12세기] 불교 교학의 중심지였다. 이 사원은 당시 인도 바깥에까지 알려져서 아시아 각지로부터 여러 학승(學僧)들이 공부하러 왔다.

- 현장은 18년간의 유학 생활을 마치고 당나라로 귀국하면서 산스크리트본 경전 657부를 가져와서 그 경전을 번역하는 데 몰두했다.

- 중국불교 번역사에서 현장의 번역을 구마라집(鳩摩羅什, 344~413)이나 진제(眞諦, Paramārtha, 499~569)와 비교하여 신역(新譯)이라고 한다. 새롭게 번역하였다는 의미이다. 반면, 구마라집과 진제의 번역을 옛 번역이라 하여 구역(舊譯)이라고 부른다.

한국 유식학의 대가1, 원측

원측(圓測, 613년~696년)의 휘(諱)는 문아(文雅), 자(字)는 원측이다. 신라 진평왕 35년(613)에 신라 왕족으로 태어난 한국인이다. 원측은 신라의 왕손(王孫)으로서 3세에 출가했다고 한다. 신라 왕손이 불가에 출가하는 것은 당시 흔한 경우였으며, 이 전통은 고려에까지 이어졌다고 알려져 있다.

신라의 많은 승려들이 그랬듯이 원측도 진평왕 49년(627년) 당나라로 유학을 갔다. 당시 원측의 나이는 15세였다. 원측은 당나라에 가서 법상(法常)과 승변(僧辨)으로부터 유식학을 배웠으며, 산스끄리뜨를 비롯한 6개 국어에 통달할 정도로 어학에 천부적인 소질을 발휘했다고 한다. 당나라 태종(太宗, 598~649)은 그의 실력을 매우 아껴서 원측에게 친히 도첩(度牒)을 내리고 원법사(元法寺)에 머무르게 했다고 전해진다. 그곳에서 원측은 비담(毘曇)·성실(誠實)·구사(俱舍)·비바사(毘婆娑) 등 유식학 연구의 기본이 되는 여러 소승경론(小乘經論)을 익히고, 나아가 대승경론도 폭넓게 연구하게 된다.

인도에서 오랫동안 유식학을 연구하였던 현장(玄奘)이 645년에 귀국하자, 중국 불교계의 교학 분위기는 크게 바뀌게 된다. 원측은 현장으로부터 새로운 유식학을 배우게 된다. 현장이 『유가론』과 『성유식론』으로 대표되는 유식의 새로운 경전을 번역해 소개할 때, 원측은 누구보다 빠르게 이들 사상을 이해하고 수용했다고 한다. 여기에는 원측이 어학에 능했고, 그동안 공부했던 유식이 큰 도움이 되었다고 볼 수 있다.

- 원측(圓測, 613~696)은 신라 진평왕 35년(613)에 신라 왕족으로 태어나, 3세에 출가했으며 15세에 당나라로 유학을 갔다.

- 원측은 당나라에 가서 법상(法常)과 승변(僧辨)으로부터 유식학을 배웠으며, 산스끄리뜨를 비롯한 6개 국어에 통달할 정도로 어학에 천부적인 소질을 발휘했다고 한다.

- 당나라 태종(太宗, 598~649)은 그의 실력을 매우 아껴서 원측에게 친히 도첩 (度牒)을 내리고 원법사(元法寺)에 머무르게 했다고 전해진다.

- 그곳에서 원측은 비담·성실·구사·비바사 등 유식학 연구의 기본이 되는 여러 소승경론(小乘經論)을 익히고, 나아가 대승경론도 폭넓게 연구하게 된다.

- 이후 645년에 현장이 인도 구법 여행에서 새로운 경론을 가지고 귀국하자, 원측은 당나라에서 새로운 유식학을 배우게 된다.

한국 유식학의 대가2, 원측의 저서와 사상

원측은 658년 서명사(西明寺)가 낙성되자 이 사찰에 대덕(大德)으로 초빙된다. 서명사를 중심으로 원측은 많은 유식학 저술을 펴내었다. 원측은 중국 불교의 번영에 큰 기여를 하는데, 이는 그의 사후 '사리탑명병서(舍利塔銘并序)'에 적힌 다음의 글을 보면 알 수 있다.

"서명사의 대덕으로 부름을 받고서 『성유식론소』 10권, 『해심밀경소』 10권, 『인왕경소』 3권, 『강반야관소연론』, 『반야심경』, 『무량의경』 등의 소(疏)를 찬술하였으며, 현장 법사의 신비로운 전적을 도와 당시 사람들의 눈과 귀가 되었다. 현장을 도와서 불법을 동쪽으로 흐르게 하고 무궁한 교법을 크게 일으키신 분이다."

원측이 주석한 경론은 신라와 일본, 그리고 티베트까지 전해진다. 원측에서 비롯된 서명학파의 유식 이론이 당시 동아시아 불교계에 커다란 영향을 미친 것이다. 특히 원측의 저서인 『해심밀경소(解深密經疏)』는 혜초(慧超)의 『왕오천축국전(往五天竺國傳)』, 원효(元曉)의 『대승기신론소(大乘起信論疏)』와 함께 신라 고승의 3대 저작물로 세계 불교계에서도 주목받고 있다.

원측의 유식사상은 진제(眞諦 Paramārtha, 499~569)의 구유식과 현장의 신유식을 융합하려는 태도를 보였으며, 당시 논란의 중심이었던 공유쟁론(空有諍論)에 대해서도 한쪽에 치우치지 않고 화쟁적 입장에서 받아들이려고 하였다고 평가받고 있다. 특히 규기 계통의 법상종에서 주장했던 5성각별설(五性各別說)을 비판하고 모든 중생이 성불할 수 있다는 입장을 보였다는 점은 주목할 만한 사항이다.

– 활발한 활동을 펼치던 원측은 658년 서명사(西明寺)가 낙성되자 이 사찰에 대덕으로 초빙된다. 서명사를 중심으로 원측은 많은 유식학의 저술을 펴내 현장의 신역 불교를 널리 펴는 데 이바지했다.

– 원측은 중국불교의 번영에 엄청난 기여를 하는데, 이는 그의 사후 '사리탑명병서(舍利塔銘幷序)'에 적힌 글을 보면 알 수 있다.
"서명사의 대덕으로 부름을 받고서 『성유식론소』 10권, 『해심밀경소』 10권, 『인왕경소』 3권, 『강반야관소연론』, 『반야심경』, 『무량의경』 등의 소(疏)를 찬술하였으며, 현장법사의 신비로운 전적을 도와 당시 사람들의 눈과 키가 되었다. 현장을 도와서 불법을 동쪽으로 흐르게 하고 무궁한 교법을 크게 일으키신 분이다."

– 원측이 주석한 경론은 신라와 일본, 그리고 티베트까지 전해진다.

– 특히 원측의 저서인 『해심밀경소(解深密經疏)』는 혜초(慧超, 704~787)의 『왕오천축국전(往五天竺國傳)』, 원효(元曉, 617~686)의 『대승기신론소(大乘起信論疏)』와 함께 신라 고승의 3대 저작물로 세계 불교계에서도 주목받고 있다.

〈도표로 읽는 입문 시리즈〉 문답 퀴즈

Q. 연기법의 생활 실천 중 빈 칸에 들어갈 말은 무엇인가?

연기법의 생활 실천

나는 저 혼자 잘난 개별적 존재가 아닌
전체로서 연결된 하나이기에, 나를 있게 한
일체 만법에 무한한 감사와 찬탄을 보낸다.

보시, 자비로운 나눔
너와 내가 둘이 아닌 동체대비(同體大悲),
베풀었다는 데 머물지 않는 무주상보시

수용, 받아들임
연기법으로서 내 앞에 펼쳐진 그 모든 현실을
거부하지 말고 받아들이기

무집착, 내려놓음
인연 따라 오고 가는 것일 뿐, 집착할 것이 없다.

있는 그대로를 분별 없고 치우침 없이 관찰

공존, 조화로운 삶
자연을 내 몸처럼 아끼고,
나와 자연이 둘이 아님을 안다.

▢▢▢ : 바른 견해

사(思): 바른 생각, 바른 뜻, 바른 마음가짐
사유는 곧 의업으로써 현실을 창조하는 힘을 지닌
생각이기에 바른 사유가 중요

어(語): 바른 말, 올바른 언어생활
말로 나오는 순간 구업(口業)이 되어 그 말이
결과를 불러오는 업보라는 실질적인 힘이 되어
타인에게, 자연 만물에까지 영향을 미친다.

▢▢▢ : 바른 행위

명(命): 바른 생활, 바른 삶, 바른 직업

정진(精進): 정방편, 바른 노력
선법을 증장하고 악법을 버리려는 끊임없는 노력.
선법은 깨달음의 요인이 되는 칠각지 등으로
마음 관찰, 기쁨, 마음 집중, 평안 등을 계발.
악법은 감각적 욕망, 악의, 남을 해치려는 마음,
탐진치 삼독심 등을 끊어내야 한다는 것을 의미

正

팔정도에서 **바른**의 의미
연기/사성제/무아/중도/
자비/무집착/무분별에 대한
깨달음을 바탕으로 한 바른

념(念): 바른 전념, 바른 깨어 있음, 바른 관찰,
바른 알아차림, 사념처(四念處)를 의미

▢▢▢ : 바른 선정, 바른 마음집중
올바른 대상에 마음이 집중되어 있는 것

<도표로 읽는 입문 시리즈> 문답 퀴즈

Q. 3장이란 무엇인가?

삼장(三藏)

— 경장(經藏), 율장(律藏), 논장(論藏)

　　[　　] : 부처님이 말씀하신 교리를 기록한 경전

　　[　　] : 부처님이 말씀하신 계율을 기록한 경전

　　[　　] : 경장과 율장에 대해 부처님 제자나 후대 스님이 풀이한 저서

Q. 천수경의 구성 특징은 무엇인가?

— 『천수경』은 [　　　　　] 가 중심

— <신묘장구대다라니> 중심의 전반부와 [　　　　] 중심의 후반부로 크게 구분

— 불자의 발원을 담아 편집한 독송 의례용 경전이므로 찬탄, 참회, 발원, 회향 등의 내용도 있음.

Q. 다음 중 부처님의 전생과 관련이 없는 동물은 무엇인가?

1. 매   2. 사슴   3. 호랑이   4. 박쥐   5. 원숭이

Q. 경전의 내용과 이름을 줄을 그어 완성하시오.

1. 부처님 말씀을 모아 놓은 것이라는 의미로
   짧은 여러 경구를 모은 경집 •   • 숫따니빠따

2. 불교 경전 가운데 가장 애독되는 경전 •   • 법구경

3. 불교적 페미니스트 사상을 담고 있는
   여성 인권의 상징인 경전 •   • 금강경

4. 무한한 시간 속에서 무한한 공간이 펼쳐진
   장엄의 세계를 나타낸 경전 •   • 승만경

5. 수행과 신행의 경전으로 불공의식에
   가장 많이 독송하는 경전 •   • 화엄경

6. 우리나라에서 가장 널리 유통된 경전
   조계종의 소의경전 •   • 천수경

<도표로 읽는 입문 시리즈> 문답 퀴즈

Q. 가운데 길을 의미하는 단어로 균형 잡힌 생각과 행동으로 수행하는 것은 무엇인가?

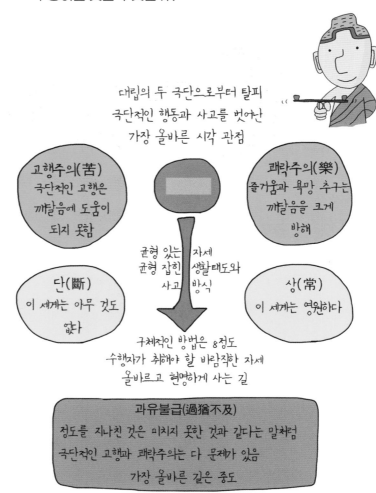

대립의 두 극단으로부터 탈피
극단적인 행동과 사고를 벗어난
가장 올바른 시각 관점

고행주의(苦)
극단적인 고행은
깨달음에 도움이
되지 못함

쾌락주의(樂)
즐거움과 욕망 추구는
깨달음을 크게
방해

균형 있는 자세
균형 잡힌 생활태도와
사고 방식

단(斷)
이 세계는 아무 것도
없다

상(常)
이 세계는 영원하다

구체적인 방법은 8정도
수행자가 취해야 할 바람직한 자세
올바르고 현명하게 사는 길

과유불급(過猶不及)
정도를 지나친 것은 미치지 못한 것과 같다는 말처럼
극단적인 고행과 쾌락주의는 다 문제가 있음
가장 올바른 길은 중도

Q. 완성에 도달하는 길이라는 뜻의 6가지 덕목은 무엇인가?

우리들이 살고 있는
망의 이쪽 세계에서

깨달음의
저쪽 세계로

건너가는 방법 ⇨ 6바라밀의 실천

6바라밀의 내용

1.   : 아낌없이 베푸는 것
2.   : 적극적으로 선을 실천하는 것 - 10선계
3.   : 고난을 참고 견디는 것
4. 정진바라밀: 불도를 이루기 위하여 노력하는 것
5. 선정바라밀: 명상을 통해 정신을 통일하는 것
6.   : 공의 지혜를 얻어 깨달음을 완성시키는 것

정답 : 종우 / 보시바라밀, 지계바라밀, 인욕바라밀, 반야바라밀

도표로 읽는 유식입문

초판 1쇄 인쇄 2022년 9월 23일
초판 1쇄 발행 2022년 9월 30일

지은이 안환기
그린이 배종훈

펴낸이   윤재승
펴낸곳   민족사
주간   사기순
디자인   남미영
기획편집팀 사기순, 김은지
기획홍보팀 윤효진
영업관리팀 김세정

출판등록 1980년 5월 9일 제1-149호
주소   서울 종로구 삼봉로 81 두산위브파빌리온 1131호
전화   02-732-2403, 2404
팩스   02-739-7565
웹페이지 www.minjoksa.org, www.facebook.com/minjoksa
이메일   minjoksabook@naver.com

ⓒ 안환기 • 배종훈 2022

ISBN 979-11-6869-016-5 03220